共同親権が日本を救う

～離婚後単独親権と実子誘拐の闇～

高橋孝和
Takahashi Kowa

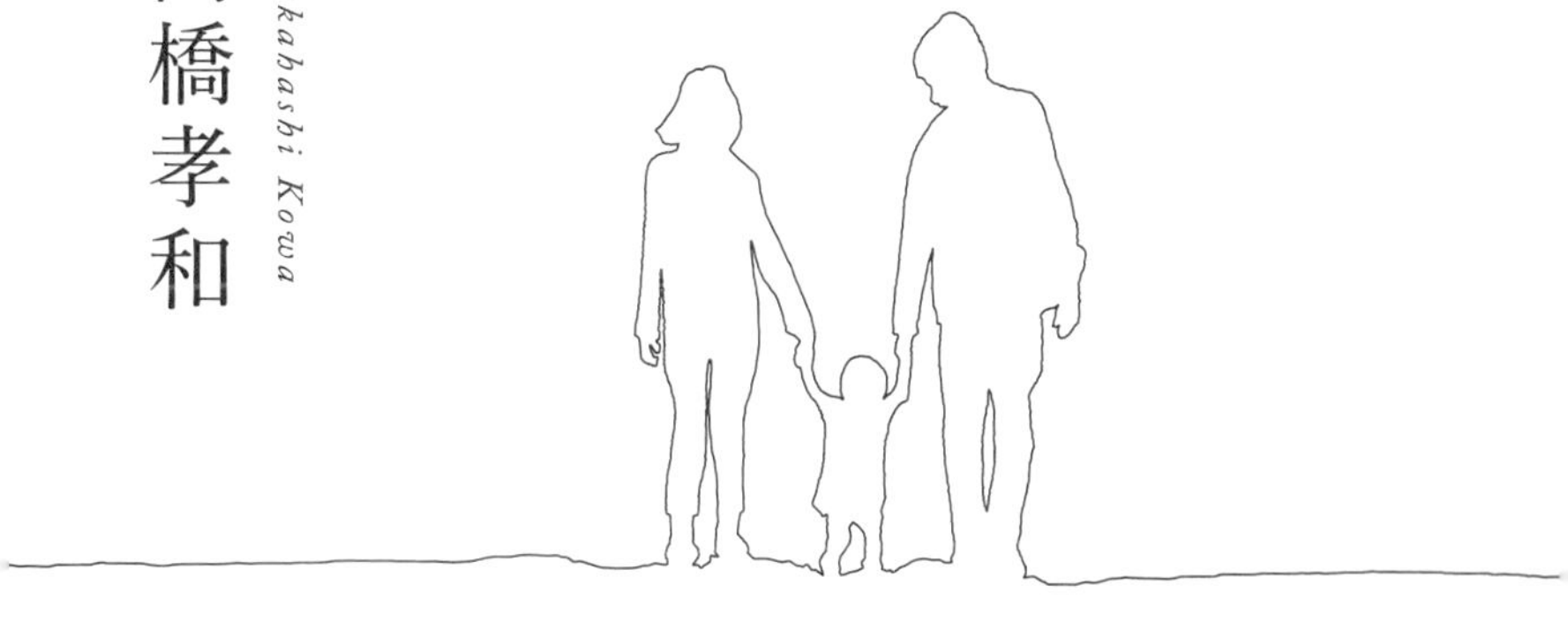

幻冬舎MC

共同親権が日本を救う

～離婚後単独親権と実子誘拐の闇～

「善きことは、蝸牛の速度で進む」
「見たいと思う世界の変化に、あなた自身がなりなさい」
マハトマ・ガンジー

はじめに

2020年6月5日、北朝鮮による拉致問題に長年取り組んでこられた横田滋氏が逝去されました。横田氏が被害者家族会を立ち上げた後代表に就任された1998年、筆者はまだ大学生で、大人への階段をようやく登り始める頃でした。その頃筆者は、「一番苦難を味わったのはもちろん拉致被害者本人であるが、大切な家族を奪われた親兄弟の心中はいかばかりであろうか」と、我がことのように思いを巡らせていました。

当時はまだ、「北朝鮮に拉致などされなくても、およそ4人に1人の子どもが両親の離婚に直面し、その多くが一方の親と生き別れになる」などという、およそ21世紀のこととは思えない現実が我が国に存在するなどということは、想像もしていませんでした。その根本的原因が、今や世界的に見て圧倒的に少数派であり、先進国ではほぼ日本のみという「単独親権制度」です。

世界の大半の国は日本と違い、「子どもを持つ全ての離婚夫婦について、例外なく一方の親権を剥奪する」などということを行っていません。離婚というのは一義的に夫婦間の問題であって、それを親子関係にまで、例外なく機械的に波及させなければならない合理性はどこにも存在しないからです。ところが、この当然のことが（ほぼ）日本においてだけは、認められていません。

現在、離婚後共同親権が法制審議会に諮問されるなど、社会の関心も高まりつつあります。共同親権に対する最大の抵抗勢力は、「単独親権が子どもの福祉に資する」という（あるいは、それに近い）風説を流布する、一部のＮＰＯ法人関係者及び法律関係者です。

社会貢献、特に子どもや女性の地位・権利向上を目的とするはずのＮＰＯ法人関係者が共同親権に抵抗するなどというのは、国際的に見てもブラックジョークそのものです。後述の通り、それは「児童の権利に関する条約」や「女子差別撤廃条約」にも真っ向から反する考え方だからです。

こう言うと、「家族法のあり方は各国で違うのであり、日本固有の事情を無視してその点だけを主張するのは、子どもの福祉に反する」という反論が必ず返ってきます。本書では、彼らが言う「日本固有の事情」とは何なのか、それが本当に単独親権の強制でしか解決できないのか、それ以前にそもそも解決策として機能しているのか等につき、順を追って明らかにしていきます。

なお、単独親権論者はおしなべて「離婚後共同親権」という言葉を使用しておりますが、本書では原則的に「婚姻外共同親権」で統一することとします（文脈上明らかな場合は、単に「共同親権」とします）。それは「離婚後共同親権」という言葉が、「なぜ、事実婚においては共同親権が選択できないのか」という問題について議論することを回避することを目的とした、不適切な言葉だからです。

もちろん、法律婚は原則共同親権とされているにもかかわらず、事実婚においては共同親権を選択できないことについて、合理性は全く存在しません。単独親権論者がこの点について論じるケースは、皆無とは言いませんが非常に稀です。

これから順を追って説明していきますが、「不都合な点については論じない」という手法を多用するというのが彼らの常套手段であり、このことを頭に入れておくと、今後単独親権論者による論考に接する際、非常に有益です。

共同親権の問題はまだまだ広く知られていませんが、これは本当に大きな問題であり、被害者は非親権者本人だけではありません。一番の被害者は、一方の親との離別を強制されることで被養育権を奪われる、全ての離婚夫婦の子どもです。また、離別を余儀なくされるきょうだい、孫に二度と会えなくなる非親権者側の祖父母、これらの全てが被害者となっています。

厚生労働省の人口動態統計によると、我が国における年間の出生数は約86万人であるのに対し、両親の離婚に巻き込まれる未成年の子どもは、年間約21万人となっています。つまり、日本の子どもの4人に1人が、本人が望むか否かにかかわらず、機械的にひとり親にさせられているということです（厳密に言うと、比較可能ではない数字の比較になってしまっていますが、概算としてはそれほど遠くないものと思われます）。その主な原因は、全く合理性がないにもかかわらず、法律が単独親権を強制していることにあります。

この問題は後述のように、ある日突然、あなたの身に降りかかってくる可能性がある恐ろしい問題です。我が国が、何ら合理性のない差別を自ら排除できる成熟国家になるのか、あるいは明らかな差別について、何ら問題がないかのように言いくるめるような、声が大きいだけの勢力が跋扈し続ける国であり続けるのかについて、重大な試金石となります。

多くの方にご一読頂けますと幸いです。

目次

第1章　単独親権制度の何が問題なのか

これまで簡単に「単独親権制度」について述べてきましたが、この問題に関わったことのない方は、親権を失うと具体的にどのような不都合が生じるのか、実感を持って理解するのが困難であることでしょう。第1章ではこの点について、事例を交えながら解説していきます。

結論から言うと、単独親権による主な不都合は以下の通りです。なお、これらはあくまで「主なもの」であり、目に見えない社会的差別を含めた不都合は、これらの他にも無数に存在します。

- 多くの場合、非親権者が子どもと二度と会えなくなる、あるいは仮に面会交流が実現したとしても、面会時間は「（概ね）月1回2時間程度」という、根拠が何もない「家庭裁判所の定める相場」に制限され、およそ家族にふさわしい質・量を伴った交流は不可能となる（定期的に子どもの写真などが送られてくるだけの「間接交流」とされることも多い）。子どもにとっても、親権者の勝手な意向次第で、一方の親と生き別れになる

・親権者の決定に当たっては、「子どもの監護実績」が重視される。そのため、親権者になりたいと思ったら、子どもの身柄を確保して同居した上で、自らの監護実績を作ろうとする強いインセンティブが生じる。逆に言うと、相手方による「子どもの監護」を排除する方が、「親権獲得・維持」という目的に適うこととなってしまっている。そのため、以下のような問題が発生している

・同居親が、子どもを別居親に会わせないように仕向ける大きな原因となっている

・父母の関係がそこまでは悪化しておらず、本来であれば共同養育も十分可能であるはずの場合でも、事実上困難になってしまう

・面会交流権を持つのは非親権者本人のみであり、非親権者側の祖父母やきょうだいには、中立の権利すらない。また単独親権者は、少なくとも子どもが自分の意思を明確に表明できる年齢に達するまでは、これらの親族に会わせないという決定権を事実上持ってしまっている。そのことについて、なぜそれが子どものためになるのか、説明責任が追及されることはない

・多くの場合、非親権者は子どもの学校から「保護者」として扱われないため、およそ子の成長に関わることができなくなることが多い。授業参観や運動会等への同席禁止、通知表等子どもに関する情報の非開示といった差別的取扱を受けても、「校長の裁量の範囲内」として不問に付されてしまう。単独親権論者は「悪いのは学校（校長）の判断であって法律ではない」と主張するのが常であるが、彼らは「法律・制度が社会規範を作り出している」という事実が理解できない

- 日本は既に「子どもの連れ去り大国」として世界中から広く認知され、海外から何度も、単独親権制度の是正が要求されている（知らないのは日本人だけ）
- 国際結婚の夫婦が離婚した場合、さらに問題は大きくなる。例えば子どもの居住国が海外の場合、子どもが日本を訪問することは、例え一時的であったとしても連れ去りに遭う可能性があるので、一切許可されないことが多い

次に、このようなことがなぜ起こってしまうのか、我が国の法制度の欠陥について詳細に見ていきましょう。

子どもの連れ去りが頻発

我が国では一方の親が、親権獲得を目的として身勝手に子どもを連れ去り、他方の親との接触を遮断してしまっても、事実上何の罪に問われることもありません。むしろ家庭裁判所は多くのケースにおいて、事件処理の運用上、子どもを連れ去った者に対して、結果的に単独親権を付与しています。これがいわゆる「子どもの連れ去り問題」です。

しかも不思議なことに、最初の「連れ去り」が罪に問われた事例は恐らく皆無であるのに対し、そこから再度「連れ戻す」行為については、有罪判決が下ったり、あるいは起訴猶予となっ

たものの逮捕はされたり、といった事例が見られます。合理的根拠・法的根拠がかなり曖昧であるにもかかわらず、こうした実態についてだけは幅広く知られているため、一般的に多くの当事者は、「最初の連れ去りは事実上何のお咎めもなし」「その後の連れ戻しは逮捕・有罪の危険性あり」という認識で行動しています。

一方で、以上のような実力行使がない場合でも、同居親が子どもを非同居親に会わせないようにしたり、子どもが自ら「会いたくない」と言うように精神的プレッシャーをかけるという、いわゆる「親子の引離し問題」についてもよく聞かれます。

以上については、この問題に関わったことがある人であれば、概ね誰でも知っていることです（詳細は、はすみ（2020）等参照）。また、第3章で詳述しますが、こうした実態は海外に広く知れ渡っており、我が国は世界中から非難を浴び続けています。このことについて一般的にあまり知らないのは、我々日本人だけです。

以上に対して単独親権論者は、このような事実の存在を、躍起になって否定します。「子どもの連れ去り問題」に関する、弁護士の斉藤秀樹氏による主張を見てみましょう（斉藤（2019））。

- 裁判所が（中略）別居時に子を連れ去り、現在に至るまで生活を共にしているからという理由だけで、親権者を判断している事案はない
- 少なくとも代理人に弁護士が就任している事案で、親権争いに備えて、まず子を連れ去りなさいというようなことをアドバイスすることはあり得ない。親権に関する裁判所の判断基準を正しく理解すれば、「連れ去ったもの勝ち」（中略）「実子誘拐」「子の実効支配」などという批判が的外れであることは、当然のこととして理解できるからである
- 一般には、（中略）特に監護の実績、主たる監護者が重要視され、また、子の年齢が上がるにつれて子の意思・子の希望も重視される
- 監護の実績とは監護の継続性とも言うが、別居後の監護のことだけをさしているのではない。（中略）子が生まれてから（中略）現在に至るまで、誰が子の主たる監護者であるのかに着目して判断しているのであり、別居時に子を連れ去ったからといって、監護の継続性が認められるわけがない
- 別居時のバタバタした状況で子を奪取したからといって、そのままの関係が尊重されるほど、裁判所の判断は安易ではない。連れ去ったもの勝ち、実子誘拐などという言説はこうした家裁実務を無視するものであり、不適切な見解と言う他ない

まず、分かりやすい点から指摘しておきます。以下では、弁護士による著作を3点見ていきます。まず、中村（2005）です。

「別居に際して、子供を連れていくか、どうしようか。離婚になるかどうかはまだ確定的でなくても、もし離婚になったとき子どもを引き取る気持ちがあるなら、迷わず連れて出よう。（中略）夫や夫の親の言葉を真に受けて家を出て、「元気になったら子どもは渡してやる」という言葉を信じてそのつもりでいたら、それっきり子どもの親権は取れなくなった女性もいる」

また、財団法人日弁連法務研究財団（２００７）は、冒頭の「はしがき」で以下のように述べています。

「実務家である弁護士にとって、親権をめぐる争いのある離婚事件で、常識といってよい認識がある。それは、親権者の指定を受けようとすれば、まず子どもを依頼者のもとに確保するということである。そのうえで、相手方（中略）にいかに問題があるかについての主張立証を尽くすということになる」

さらに大川・辻（２０１２）は、「ポイント」として「親権を譲りたくないときは、必ず子どもを連れて別居する」と指南しています。

従って、「代理人に弁護士が就任している事案で、親権争いに備えて、まず子を連れ去りなさいというようなことをアドバイスすることはあり得ない」というのは、極めて信憑性が疑わしい主張です。

では、それ以外の点についてはどうでしょうか。実は、誤りであるのは「連れ去ったもの勝ち、実子誘拐などという言説は、（中略）不適切な見解と言う他ない」という部分のみであって、それ以外は、概念論としては概ね間違っていません。

しかし、実務において一番問題となるのは、両者の「これまでの監護実績」について、明確な証拠を持って議論するのが困難であるケースがほとんどであるということです。調停の場では、両者による「これだけ頑張ってきた」というアピール合戦で水掛け論に終始し、結局は「子を連れ去った側が、現在監護中である」という事実を判断基準にせざるを得ない（あるいは、事実上そうしたとしか思えないような）ケースが多数見られます。

これが、世に言う「連れ去ったもの勝ち」の実態です。厳密には、「連れ去りさえすれば、親権必ず親権を獲得できる」とまでは言えないのは確かです。しかし、「連れ去りをすれば、親権争いにおいて大幅に有利となり、少なくともマイナスは何もない」「自分がやらなければ、相手にやられてしまう可能性が高いというゲームのルールになってしまっている」というのはまず間違いのないことです。

そもそも、仮にこれまでの監護実績が「60：40」であると評価可能だとして、なぜ前者を単独親権者にしなければならないのでしょうか（話のスタートが「60：40」であるのに、結論はなぜか「100：0」）。また、こうした比率は将来いくらでも変わり得るのに、なぜ将来にわたって「原則的に100：0のまま」で固定しなければならないのでしょうか（万が一親権者変更になれば、今度は「0：100」）。主に監護実績に基づいて「単独親権者」を決定するという枠組み自体が、正当化困難であると言わざるを得ません。

以上について、具体例に即してもう少し見てみましょう。例として、妻が夫の元から子どもを連れ去ったとします。また、日本の一般的な家庭と違い、これまで主に子どもの世話をしてきたのは夫であるとします。

この場合は斉藤氏が言う通り、仮に最終的に裁判になれば、家庭裁判所が妻を単独親権者とする可能性は高くないかもしれません（仮に監護実績について立証可能であれば、ですが）。しかし、問題はこの先にあります。

この状況で妻は、「自分を単独親権者として離婚したい。親権を取れないのであれば、当面離婚はしない」と主張することができます。妻は同時に、夫に対して高額の婚姻費用を請求して、「離婚に応じないのであれば、婚姻費用を払わせ続ける」という作戦を採ることができます（第6章で詳述）。また、後述の通り、（事実であるかどうかにかかわらず）「夫のＤＶ」を申し立てることで、親権争いを有利に進めることもできます。

こうなってしまうと多くの場合、夫が現実的に採り得る選択肢は、妻が提示する条件を丸呑みして、早急に離婚に応じることだけになってしまいます。「とにかく離婚には応じない」という選択肢もありますが、そうすると全く関係修復の見込みがない相手に、高額の婚姻費用を払い続けることとなり、多くの場合、先に経済生活が困難となります。また、婚姻費用の支払を継続したところで、今後子どもに会えるようになる保障が得られるわけでは全くありません。

さて、婚姻外共同親権が導入されると、今度は何が変わるのでしょうか。この場合、離婚時には子どもの養育計画を策定し、裁判所の許可を得ることが必須となります。概念としては、離婚後も両親が近くに住み、子どもが隔週で双方の家を行き来する等、両親の養育機会が半々になるのが一つの理想形であると言えるでしょう。

現実的にはこのようにいかないことも多々あり、例えば「基本的には一方の親の元で生活し、隔週の週末を他方の親の元で暮らす。長期休暇については半々で養育を分担する」といった程度にならざるを得ないことも多いでしょう。しかし、虐待等がない限り、「一方の親に子どもを一切会わせない」「月1回、2時間しか子どもに会わせない」などという計画が承認されることは、原則的にありません。

ここが重要なポイントで、「月1回、2時間しか子どもに会わせない」（さらにひどいと、定期的に子どもの写真が送られてくるだけ）などということが原則的にあり得ないのは、協議のスタートラインが「半々」であるからです。理念としては「半々」が望ましいものの、実際には難しい場合が多いので、「一方の養育時間を、どの程度まで減らすのが現実的か」という形で協議が進行するから、結論が妥当なところに落ち着くのです。現状ではスタートラインが「100：0」となってしまっており、「協議」などというのは全くの「名ばかり」となってしまっています。

よくある反論に、「面会交流の時間を長くしたいのであれば、それが子どもの福祉に資することについて、家庭裁判所に対して主張すれば良いだけであって、親権のあり方とは何の関係もない」というものがありますが、これは全くもって的外れな指摘です。

非親権者が「子どもとの面会時間を長くしたい」と主張した場合、家庭裁判所が子どもに無理を強いていないか確認するため、「習いごと等との兼ね合いで問題はないか」といった観点から質問するのは、基本的に問題ありません。しかし、子どもに月1回2時間しか会えていない親が、面会交流を長くすることを求めると、「なぜ長くしたいのか」「なぜそれが子どものためになるのか」などと問い質され、説明責任が求められるというのは、それ自体が人権問題であり、端的に言ってあってはならないことです。法律関係者ですら、これが人権問題であると分からない人が大勢いるというのが、この問題の根深さを示しています。

単独親権論者は、「法律上「親権者」でないからといって、「親」でなくなるわけではない」といった趣旨の主張を行っていますが、こうしたことが当然のように問われるということ自体が、事実上「親」として扱われていない差別構造を明確に表しています。

例えば、特に大きな問題がない普通の婚姻家族の親に対して、「あなたが子育てをしているのは、本当に子どものためになっているのですか」などと質問する人はいないでしょう。もしこのような人がいれば、「とんでもない失礼な人だ」と誰でも感じるでしょう。それにもかかわらず、「なぜ面会時間を長くしたいのですか」というのが人権問題であると感じられないとすれば、「人権」という概念について、理解が不十分であると言わざるを得ません。

さて、養育計画が裁判所に承認された後は、どういったことが起こるでしょうか。もちろん、具体的な制度設計の詳細については将来に委ねられていますが、大まかな方向件として、仮に一方の親が養育計画に従わず、子どもを他方の親に会わせることを拒否した場合、「養育計画の不履行」を理由に、親権停止の申立を可能とすることが考えられます。

そして、それが認められたにもかかわらず、なおも子どもを会わせない場合、今度はより強い強制力を持った法律を適用可能とすることが考えられます（「人身保護法」という既存の法律を適用することも考えられます）。いずれにせよ、実際にはそこまで大ごとになることは普通ありませんので、裁判所に承認された養育計画を、両親共にきちんと履行することになります。

結局、一方の親が子どもを身勝手に連れ去っても、事実上何の刑罰もないなどという、およそ21世紀の話とは思えない現実があるのは、少なくとも先進国では日本だけだということです。

ＤＶ対応

単独親権論者が共同親権に反対する際、必ず持ち出す論点の一つが、「ＤＶ対応として単独親権は必要」というものです。しかし、「ＤＶ対応」は「ＤＶ防止法」やその運用体制等の拡充で行っていくものであって、単独親権を一律に強制する立法趣旨が「ＤＶ対応」であるなどということは、そもそも法律論として成立し得ません。

現在、単独親権に関する違憲訴訟が3件（いわゆる「共同親権訴訟」「作花国家賠償訴訟」、他

１件）係争中ですが、さすがに国（法務省）も、「単独親権制度の立法趣旨はＤＶ対応である」などという主張はしていません。巷の単独親権論者が、勝手に親権問題とＤＶ問題をリンクさせようとしている、という事実があるだけです。

従って、本来であればＤＶについて、これ以上取り上げる必要はないのですが、残念ながら数多くの単独親権論者が声高に主張するという現実がある以上、もう少し掘り下げて見ていきます。

前項で述べた通り、離婚時に自分が親権者になろうと思えば、子どもを連れ去って、自分の元で暮らすようにすることが必要不可欠であると言って過言ではありません。この際、仮に虚偽であったとしても「ＤＶ」を併せて申告することは、連れ去ったものにとって強力な武器となります。具体的には、ＤＶ防止法などに基づく主な措置として、以下の２つがあります。

- 保護命令（接近禁止命令）
- 支援措置（住所非開示措置）

このうち、「保護命令（接近禁止命令）」についても様々な問題点はありますが、そうは言っても何の証拠もなしに命令がなされることは基本的になく、比較的「まし」な運用がなされていると言えます。より問題が大きいのは、「支援措置（住所非開示措置）」です。

住所非開示措置の申立に必要となるのは、「警察または配偶者暴力防止センターへ相談した」という事実のみです。「相談」さえすれば、それだけでほぼ間違いなく「支援相当」の意見書を取得できます。そして自治体の長は、その意見書さえ確認できれば、まず間違いなく、実際に「住所非開示措置」を取ります。意見書さえ確認できれば、判断について事後的に責任が問われることが基本的にない一方で、措置を取らずに万が一何かあった場合は、責任問題になってしまうからです。さらに、一度措置がなされれば、原則的に一年ごと、何度でも更新できます。

これに対し、DVを申し立てられた側は、どのような対抗手段があるのでしょうか。驚くべきことに、「制度は存在するものの、実態としてはほぼ何もないに近い」というのが答えになります。

2020年3月の愛知県半田市における事例は、虚偽DVで加害者とされた側の申立によって、住所非開示措置が取消に至ったほぼ唯一のケースと思われますが、これは「支援要請が、暴力被害防止以外の目的であったことを知っていながら、同市が支援措置を行った」という事実認定があったことが大きな要因となっています。支援措置を受けるのは自己申告のみで可能であるにもかかわらず、このような事実が立証可能であるケースは非常に稀であると言えます。しかも、最終的には和解で解決しているため、判決として確立されたものは何もありません。

こうして住居非開示措置が取られてしまうと、仮に面会交流調停の申立を行ったとしても、最終的には「間接交流（定期的に子どもの写真などが送られてくるだけ）」にさせられる可能性がかなり高くなってしまいます（実際には、ＤＶ申立がなくても間接交流にさせられるケースも決して少なくないようです）。

認定ＮＰＯ法人フローレンス代表理事の駒崎弘樹氏は、「「子どもと会えない」ことを理由にする（共同親権）推進派の人もいますが、（中略）子どもが望む限りにおいて、かつＤＶ等の問題がなければ、単独親権でも家庭裁判所に申し出れば面会交流はできるのです。逆にいえば面会交流ができないのは単独親権だからではなく、別居親に何か問題があるからだと考えるべきなのです」（駒崎（２０１９））と述べていますが、もちろんこれは極めて不正確な主張です。

正しくは「「『面会交流はできるというのは、親権者の意向次第で定期的に子どもの写真などが送られてくるだけ』でも面会交流を実施したことになる」という意味を含んでいる」と言うべきでしょう。また、「別居親に何か問題があるからだと考えるべき」という決め付けは単なる差別であり、「自己申告だけでＤＶ防止法等に基づく措置は可能である」という事実を全く踏まえていません。

ここで、単独親権論者の主張について、もう少し詳細に見てみましょう。以下は、弁護士の長谷川京子氏によるものです（長谷川（2019））。

「DV・虐待は、（中略）物理的客観的な証拠が残って提出できる割合は少ないから、（中略）裁判官が「あった」と積極的に認定することは難しい場合が少なくない。しかし、証拠の有無にかかわらず（中略）子どもの福祉を守るなら、監護裁判はむしろ予防原則に立って、安全リスクのある親の関わりを排除できなければならない」

ここでは、「科学的に証明されていなくても、予防的に規制する」ことを意味する「予防原則」が主張されており、弁護士の吉田容子氏も基本的に同様の主張をしています（吉田（2019））。

しかし、少し考えれば分かることですが、「予防原則に立つ」というのは、客観的な証拠がなくてもDVを積極的に認定するということですから、虚偽DVが大いにあり得るということを、当然に意味しています。ところが、「では、虚偽DVの存在を認めた上で、予防原則の観点からその必要性を肯定するということですね」と質問すると、今度は躍起になって、虚偽DVの存在を否定します。斉藤（2019）を見てみましょう。

「そもそもＤＶ被害を受けていないのに、ＤＶを受けたと主張する当事者がいるのであろうか。まず、筆者（注：斉藤氏）が知る限り、そのような調査が行われたことはない。実務上散見するのは、客観的にみてＤＶ被害を受けているとみられるのに、被害者にＤＶ被害の自覚がないケースである。その逆は経験がない。あるのは、自分はＤＶ加害者でないのに、ＤＶ加害者呼ばわりされたという一方当事者の声である」

離婚裁判でＤＶの有無が問題になった場合、判決で「ＤＶの存在は認められない」とされることはあっても、「ＤＶの主張は虚偽である」とまで認定されることは、原則的にありません。いくら審理を尽くしても、「虚偽ではなく証拠不十分」である論理的可能性が消滅することがない中で、そのような認定を行う必要性が存在しないからです。従って、「『ＤＶ被害を受けていない』という立証がされた事案」というのは基本的に存在しないのが当然なのであって、「そのような調査が存在しない」などということは何の根拠にもなりません。

また、虚偽ＤＶで加害者とされた側が、虚偽ＤＶの存在をはなから否定する弁護士に依頼しないのは当然のことであって、同氏が「経験がない」などと言うことは、何の根拠にもなりません。

最後に、離婚後の面会交流において、DV・虐待が問題となっているケースがどの程度あるのか、データを確認してみましょう。厚生労働省（2017）によると、母子世帯全体のうち、面会交流をしない理由として「相手に暴力などの問題行動がある」と回答したのは約1・2％に過ぎません。これが、この問題を考える上で一番信頼性が高いデータであると言えます。

これに対し、例えば可児（2020）は「DVに起因し離婚に至る事例は相当数存在する。（中略）家庭裁判所が関与する離婚でDVの割合は2割を超えている」と述べていますが、前述の通り、離婚争いの渦中においては争いを有利に進めるため、事実の如何にかかわらず相手のDVを主張するインセンティブが明らかに存在しますので、こうしたデータには全く客観性がありません。

映画『ジュリアン』

フランス映画『ジュリアン』（2017）は、上野千鶴子氏や千田有紀氏といったフェミニズム単独親権論者のお気に入りです。ストーリーは、

- 夫の暴力が原因で、妻が11才の息子を連れて逃亡
- 妻は単独親権を主張するが、裁判所は共同親権を裁定

- 息子は嫌々ながら、父親と隔週末を過ごさなければならない
- 夫は息子を脅迫して、妻の居場所を教えさせる

といったものです。上野氏は、こうしたストーリーを「あるある感満載」と評しています（上野（2020））。

しかし、「なぜこれで親権喪失・親権停止にならないのか」という疑問は一旦別とするにしても、仮に日本において、児童虐待が事実認定されているという前提なのであれば、妻側が主張さえすれば、まず問題なく間接交流（定期的に子どもの写真などが送られてくるだけ）とすることができるのが普通です。何らかの事情で直接交流となったとしても、家庭問題情報センター（FPIC）の監視下で、月1回2時間程度の面会のみ、といった程度です。これ以上の面会内容となっているとすれば、それは恐らく当事者が、こうした実態を知らずに主張しなかったためです。

仮に明確な事実認定がない場合について（も）述べているのであれば、暴力をふるっていたのが「別居親」「夫」であるということ自体が、極めて恣意的な設定です。繰り返し述べているように、我が国では大半のケースで実態として、連れ去りなどにより子どもの身柄を確保した側を親権者にしているだけなのです。明確な事実認定がないケースで、「本当はどちらが暴

力をふるっていたか」などという点は考慮されません。

正しくは「連れ去りなどにより、子どもの身柄を確保した側が虐待親であったケースも存在するし、逆のケースも存在する。その比率は誰にも分からないし、国は把握しようとすらしていない」ということだけのことであって、全般的にＤＶ・虐待対応になるよう制度設計されているわけでもなければ、対応策として有効に機能しているという事実も存在しません。その象徴が、後述の「目黒女児虐待事件」です。しかも、「子どもの連れ去り」自体が重大な児童虐待であるというのが世界の常識であって、そのような認識に欠けるのは日本だけです。

大半の単独親権論者は、「「親権者は、親として優れていると認められた人」「非親権者はその逆」という世間によくある誤解」「ＤＶの定義が極めて主観的であり、支援措置が自己申告だけで受けられるという事実」を最大限悪用しているだけの人たちです。単独親権に「ＤＶ・虐待の検知機能」など組み込まれていないし、大半のケースで「非親権者」は、「子どもの連れ去りなどに遭った人」という意味しか持っていないのです。

こうした実態について何も知らない学者が、毎年繰り返されるシングルマザーやその再婚相手などによる児童虐待については一言も触れずに、「あるある感満載」などというふわっとした抽象論で、堂々と男女差別を肯定するなどというのは、開いた口が塞がりません。

さらに、詳細は第3章で述べますが、この映画の公開後も、フランスやEUによる日本への公式な非難が相次いでいるのはなぜなのか、またフランスでは単独親権など絶対に許容されないのはなぜなのか、一言でも考えを述べるべきでしょう。

上野（2020）によると、「男には共同親権を要求する準備がまだない、というべきだろう」とのことですが、共同親権を求めているのは「男」だけではありません。平気で「男には〜」などと言えてしまうところに、この学者のレベルがよく現れています。実際には、「夫からの壮絶なDVで子どもを置いて逃げざるを得なかったり、子どもの連れ去りに遭った挙句、親権を失った多くの女性」「国際社会」「女子差別撤廃条約を含む国際法」も共同親権を求めています（後述）。

同氏の主張は、本来であれば全ての公職辞任に値するかなり悪質な男女差別ですが、「我が国の「フェミニズム」なるものは、「男尊女卑」に対するアンチテーゼとしての「女尊男卑」に過ぎない」という認識が社会に広まるのは、残念ながらもう少し先のことでしょう。

親権喪失・親権停止

DVの話は一旦置いて、婚姻外共同親権になった場合、本当にとんでもない親についてはどのように対処すれば良いのでしょうか。答えは簡単で、我が国には「親権喪失」「親権停止」という立派な制度があるのですから、これらをフル活用していけば良いのです。ところが単独親権論者は、このような当然の考え方に対しても反論を加えてきます。駒崎弘樹氏の主張を見てみましょう（出口・駒崎（2016））。

「日本の民法では、（中略）親権を停止する、親権をはく奪する、というのは非常に難しく、年間20件ほどしかありません。ところが、ドイツでは5万件あるんです。（中略）日本では、子どもは親の所有物ですから、親権はく奪のハードルは異様に高い」

（筆者注：「5万件」というのは、「約1・2万件」の誤りであると思われる）

しかし、我が国では全ての離婚夫婦について、一方の親の親権を機械的にはく奪していることに触れないのであれば、議論として全く意味を成しません。親権喪失・親権停止が認められる件数が少ない一番の理由は、恐らく「単独親権によってそもそも必要性が低い」ことにあります。

民法の条文を見ても、親権喪失（第８３４条）については「虐待又は悪意の遺棄があるときその他（中略）親権の行使が著しく困難又は不適当であることにより子の利益を著しく害するとき」とされており、確かにハードルが高いことが伺われます。しかし、親権停止（第８３４条の２）については「親権の行使が困難又は不適当であることにより子の利益を害するとき」とされているだけであり、そのような判断が特段困難であるという根拠はありません。

さらに、「親権停止」は平成24年に開始された比較的新しい制度ですが、それまでは「親権喪失」しか存在せず、「いきなり親権喪失というのは、ハードルが高い」ということで設けられました。「親権喪失」のハードルが高いから「親権停止」が設けられたにもかかわらず、今度は「親権喪失・親権停止のハードルが高いから、単独親権が必要」などと言うのは、経緯を正しく理解していれば、許されない欺瞞であることが分かります。

目黒女児虐待事件

それでは、具体的事例について見ていきましょう。まず取り上げるのが「目黒女児虐待事件」です。２０１８年3月、東京都目黒区で、船戸結愛ちゃん（当時５才）の虐待死事件が起きました。両親が毎日夜明け前に起こして、勉強を強いたり、顔面を殴って冷水を浴びせたりするといった壮絶な虐待の末、栄養失調による敗血症等で死亡したとされる事件です。

被害者の結愛ちゃんが残した以下のメモ書きは、日本中の人々を震撼し、心を締め付けました。

「ままもう　パパとママにいわれなくても　しっかりと　じぶんからきょうよりかもっともっとあしたはできるようにするから　もうおねがい　ゆるして　ゆるしてください　おねがいしますもうおなじことはしません　ゆるして」

なぜ5才の女の子がこのようなメモを書かなければならなかったのか、またなぜもっと早く救えなかったのか、誰もが疑問に感じたことでしょう。当時の報道で、両親と共にやり玉に挙げられたのが児童相談所でした。確かに、児童相談所の対応にはかなりの疑問があり、この点については今後さらに検証して、改善に繋げていくことが必要でしょう。しかし本事件には、一般的にあまり知られていない点がいくつかあります。それは、

・虐待を行った父親は、結愛ちゃんの生みの親ではなく、養子縁組していた
・母親は元々、再婚前は結愛ちゃんの単独親権者であり、シングルマザーとして育てていた
・両者の実子である当時2才の長男は、全く虐待を受けていない

- 結愛ちゃんは児童相談所に対して、「前のパパが良かった」と話していた

ということです。以上について、単独親権論者は何を述べているのでしょうか。斉藤（２０１９）は、

「目黒の事件のように同居親が再婚し、さらに養子縁組までしたとしたら、離婚後共同親権であっても、養親の親権に服することになるので、共同親権は意味をなさない。また、（中略）実父に実子の監護に関心が薄ければ、実効性がない」

としていますが、ここまで珍妙な主張は、なかなかお目にかかることができません。

婚姻外共同親権を導入すれば、原則的には再婚後も、実父と実母の共同親権のままです。なぜここで「養子縁組までしたとしたら」という仮定が登場し、その場合のみを取り上げているのか、問題の全体像を正しく理解している人にとっては、全く意味不明です。

斉藤氏がこのような誤解をした理由は、恐らく同氏が「現行法解釈の専門家」であり、「現行法を前提にしか物ごとを考えていない」からです。「共同親権が導入されれば、「代諾養子縁組」などという違憲制度が許容される余地は全くなくなる（そうでなくてもそもそも違憲なので

すが、それは別として）」という点について、明らかに理解していません。我が国の「代諾養子縁組」が重大な人権違反であるとして、国連から度々是正勧告を受けていることも、恐らくご存じないのでしょう。

さらに、「実父に監護に関心が薄ければ、実効性がない」というのも当たり前の話であって、逆に言うと、「監護に関心が高ければ、実効性がある」ことを認めているようなものです。結愛ちゃんが「前のパパが良かった」と話していた点については一切触れずに、ただ単に結論ありきの主張を展開しているに過ぎません。

また、フェミニストの千田有紀氏は、以下のように述べています（千田（2020））。

「共同親権が子どもの命を救い得たかについて考えてみたい。（中略）結愛ちゃんのケースは、母親と前夫との関係こそが、再婚に導いた面もある。母親は、「前の夫にお金をせびられたり、いろいろなことを頼まれたりするたびに、何とかしてあげようとする私に、それは男に利用されているのだと説明してくれたのは、彼でした」と、父親と付き合うようになった経緯を述べている。この場合は前夫からのお金の無心という困った関係の継続こそが、新しい関係を後押ししたのだ」

仮に「前夫との困った関係の継続が、新しい関係を後押しした」というのが事実として、そのことが共同親権の是非とどう関係するのでしょうか。ただ単に「前夫がとんでもない人間であった」「母親は被害者である」という印象操作をしようとしているだけで、「結愛ちゃんが「前のパパが良かった」と話していた」という点については何も議論しておらず、「離婚後も共同親権であれば、子どもの命を救い得た」という仮説は全く否定できていません。

「さらにいえば、母親が子どもと逃げられなかったのは、別居後・離婚後の「父親の権利」に配慮したからである。（中略）「（離婚の）合意がないと逃げられない状況と私の中で思ってしまい、離婚はどうしても無理で、雄大と結愛を引き離さないといけない。（中略）まず結愛を施設に入れて雄大を引き離し、きちんと離婚してから絶対に結愛を迎えに行くんだと。その方法しか思いつかなかったです」」

母親が子どもと逃げられなかったのは、「父親の権利に配慮したから」ではなく、単に現行法制とその運用実務について無知だったからに過ぎません。単に「シングルマザーは悲劇のヒロインであった」という印象操作をしようとしているだけで、主張に全く中身がありません。

さらに、第６章で詳述しますが、多くの共同親権論者は、離婚における「積極的破綻主義」への移行を徹底することを、併せて主張しています。「積極的破綻主義」であれば、「離婚はどうしても無理」という勘違いは起こり得ません。

冒頭で「共同親権が子どもの命を救い得たかについて考えてみたい」と述べておきながら、結局は最後まで、無関係の論点と印象操作に終始しています。

以上、いろいろ述べてきましたが、筆者はここで、「シングルマザー（単独親権者）は、子どもを虐待する危険な人々である」などと言いたいのではありません。ここで言いたいのは、単独親権論者の主張は「全ての親権者は善良な親であり、全ての非親権者は、親として不適格なとんでもない人々である」ということを前提としない限り成立しないものであって、彼らがそのような主張を繰り返しているのは大きな誤りであり、そもそもそのような事実は存在しないということです。

彼らの主張は単なるイデオロギーであり、差別です。どこかの国の元大統領と同様、ただ単に社会の構成員に対して「善人」「悪人」のレッテルを貼って、分断を煽るだけの極めて危険なものです。まずは彼らがこうしたヘイトスピーチを止めない限り、社会として健全な議論を積み重ねていくことはできません。

我が国の場合、こうした問題に最も敏感であるべきはずのＮＰＯ関係者や法律関係者が、真逆の言動を繰り返していることが、問題の根の深さを表しています。社会として、いつになれば建設的な議論を始められるのか全く見通しが立たないという、極めて絶望的な状況です。

かくれマザコン女

ここまで読んでも、「そうは言っても、妻と子どもに逃げられる非親権者というのは、何か問題がある人間なのではないか」と思う方もいるかもしれません。そうした読者にまず申し上げたいのは、「我が国の離婚の約９割は「協議離婚」「調停離婚」であり、裁判所が当事者の人格や能力、あるいはこれまでの行動について何かを認定したという事実はどこにも存在しない」ということです。

さらに、単にこれまでの監護実績が「60：40」であったというだけで、「40」の側が「非親権者」とされてしまうというのがスタンダードであるというのも、これまで述べてきた通りです。

その上で、最近著しく増加しているタイプの離婚として、夫婦問題研究家の岡野あつこ氏の指摘をご紹介したいと思います。以下、やや長くなりますが岡野あつこ・倉田真由美（２０１１）からの引用です。

「みなさんの悩みを聞く毎日の仕事のなかで、（中略）これまでとは明らかに違う、いままでみたことがないようなタイプの人たちが出現し始めたのです。そしてそういった女性たちが、年を追って増加してきているのです。（中略）「母親離れができない女性」、そしてその親である、「娘離れができない母親」が増えてきているのです。女性であれば、父親に比べて母親との距離は近く、親しいのは当たり前なのですが、ここで言っているのは、その度を越した人たちが増えてきたということなのです。（中略）このような母離れできない娘のことを、「かくれマザコン女」と本書では呼んでいます」

「「かくれマザコン女」が、どのような離婚トラブルを起こしているのか、具体的な内容例を見ていきましょう。マザコン女にまつわる夫婦問題は、その当事者のマザコン女にももちろん問題があるのですが、実は、マザコン女の母親がそのトラブルの原因をつくっているケースがほとんどなのです」

「典型的な例を挙げてみましょう。これはある三十代の男性からの相談だったのですが、ある日妻が、「ちょっと実家に帰ってくるわね」と言い残し、そのまま帰ってこなくなったというのです。（中略）困った夫は妻の実家に電話するのですが、取り次いでもらえない。（中略）そうこうしているうちに、突然、妻の親から一方的に離婚の話が提示されたといいます」

「いったい離婚の原因はなんだったのか……。その背後には、マザコン女の母親の暗躍がありました。その新婚夫婦の家には、妻の母親が遊びに来ることが多かったのですが、最初は夫もお義母さんとして大事にしようということで、笑顔で優しく迎え入れていたのです。ところが、あまりにも頻繁に遊びに来ては泊まっていくということを繰り返すので、夫も次第に窮屈な思いをするようになり、お義母さんに直接言うことができないので、その愚痴や小言を妻に言ったのですが、それが当の母親の耳に伝わってしまったのです。これがきっかけとなり、母親は娘の婿に対して、憎しみを抱くようになりました」

「母親の復讐はまず、婿がいないときを見計らって娘に会いに行くことから始まりました。娘と二人きりのところで、婿のデキの悪さを言い立てるのです。娘が実家に戻ったときも婿の至らなさをあげつらって、とことんイメージを下げていきます。（中略）通常ならそう簡単には離婚にまで至らないのですが、「かくれマザコン」の女性となると話は別です。母親の言うことを素直に受け入れてしまうので、（中略）母親の猫なで声にほだされて、（中略）夫と別れる決断をしてしまうのです。（中略）このように、夫婦間に大きな問題はないのに、母親依存症と、母親の娘夫婦に対する異常な介入によって離婚に至るケースはかなり増えてきています」

ここで筆者は、２点補足したいと思います。まず、ここで岡野氏が述べていることは、筆者が経験したケースと基本的に全く同じ構造であるということです。最初読んだときは、筆者を参考に書かれたとしか思えないような内容に、心底驚きました。

そして、自分が経験した事例は、決して珍しいものではないのだということを知りました。多くの読者にとって、にわかには信じがたい話かもしれませんが、これが現実です。ここまで身勝手に離婚を主張し、民法の夫婦関係修復義務を一切無視しておきながら、親権や婚姻費用・養育費だけは、「子どものため」を装ってきっちり権利として主張してきます。

2点目は、岡野氏が言うところの「かくれマザコン」は、家族社会学者の山田昌弘氏が言う「パラサイト・シングル」（親から自立せず、親元に留まって家事を任せながら、収入の大部分を小遣い・貯金に充てる人）と、概念的に非常に近いということです。岡野・倉田（2011）と山田（2020）を読み比べると、「パラサイト・シングル」が、ある日世間体を気にし始めて、深い考えなしにとりあえず結婚してしまうと、いかにも「かくれマザコン」になりそうであるというのは、きっとご理解頂けることでしょう。

また、詳細は省略しますが、最近よく言われる「毒親」「ステージママ」といった言葉も、概念的には近いものがあると言えます。このような言葉が広まっていることも、こうした類いの親が増えているという事実を表していると言えるでしょう。

第２章　法学から見た婚姻外共同親権 vs 単独親権

本章では、まず単独親権の違憲性・違法性について詳細に見ていきます。その上で、国（法務省）や憲法学者の木村草太氏等による法律論は、どこが誤りであるのかについて解説します。

国際諸条約

単独親権の強制が違憲であると考えられる一番の根拠は、我が国が締結している国際諸条約にあります。まずは、「児童の権利に関する条約」を読んでみましょう。

児童の権利に関する条約

第５条

締約国は、児童がこの条約において認められる権利を行使するに当たり、父母若しくは場合により地方の慣習により定められている大家族若しくは共同体の構成員、法定保護者又は児童について法的に責任を有する他の者がその児童の発達しつつある能力に適合する方法で適当な指示及び指導を与える責任、権利及び義務を尊重する。

第7条

1 児童は、出生の後直ちに登録される。児童は、出生の時から氏名を有する権利及び国籍を取得する権利を有するものとし、また、できる限りその父母を知りかつその父母によって養育される権利を有する。

2 締約国は、特に児童が無国籍となる場合を含めて、国内法及びこの分野における関連する国際文書に基づく自国の義務に従い、1の権利の実現を確保する。

第9条

1 締約国は、児童がその父母の意思に反してその父母から分離されないことを確保する。ただし、権限のある当局が司法の審査に従うことを条件として適用のある法律及び手続に従いその分離が児童の最善の利益のために必要であると決定する場合は、この限りでない。このような決定は、父母が児童を虐待し若しくは放置する場合又は父母が別居しており児童の居住地を決定しなければならない場合のような特定の場合において必要となることがある。

2 すべての関係当事者は、1の規定に基づくいかなる手続においても、その手続に参加しかつ自己の意見を述べる機会を有する。

3 締約国は、児童の最善の利益に反する場合を除くほか、父母の一方又は双方から分離されている児童が定期的に父母のいずれとも人的な関係及び直接の接触を維持する権利を尊重する。

第14条
1　締結国は、思想、良心及び宗教の自由についての児童の権利を尊重する。
2　締結国は、児童が1の権利を行使するに当たり、父母及び場合により法定保護者が児童に対しその発達しつつある能力に適合する方法で指示を与える権利及び義務を尊重する。

第18条
1　締約国は、児童の養育及び発達について父母が共同の責任を有するという原則についての認識を確保するために最善の努力を払う。父母又は場合により法定保護者は、児童の養育及び発達についての第一義的な責任を有する。児童の最善の利益は、これらの者の基本的な関心事項となるものとする。

これらの条文を読むと、「父母が子どもに対して指導を与える権利及び義務」「児童ができる限り父母によって養育される権利」「父母の意思に反して父母から分離されないこと」などが、児童の福祉にとって必要とされていることが分かります。また、第18条は共同養育の原則について規定しており、婚姻外について一律に単独親権を強制するのは、同条に違反しています。

補足すると、「9条－1にただし書きがある以上、同条約違反とは言い切れないのではないか」と思われる方がいるかもしれませんが、そうではありません。この条文は、「裁判所が個別の事件について審査を行い、児童虐待等の事実認定を行った上で、親権喪失・親権停止等を決定した場合」と解すべきものです。この文言によって、全ての離婚夫婦に対して、一律機械的に単独親権を強制するということが正当化される余地はありません。

また、同項は「片方の親による一方的な子の連れ去り」を禁止しているため、「子の連れ去り」は重大な児童虐待かつ人権侵害であるというのが世界の常識であって、そのような認識に欠くのは日本だけです。

以上に対して単独親権論者は、「単独親権であっても、非親権者の面会交流権は保障されている」と主張します（例：木村（2019）、駒崎（2019））。しかし、この主張は三重の意味で誤っています。

1点目は、第1章で述べた通り、「面会交流権は保障されている」というのは、「間接交流（定期的に子どもの写真などが送られてくるだけ）」を含んでいるということです。2点目は、第3章で後述の通り、国連子どもの権利委員会が、日本の面会交流制度を理解した上で条約違反を認定しているという基本的事実を、はなから無視していることです。

しかし、3点目としてより重要なのは、仮に全ての非親権者が、わずか月1回2時間程度のみ子どもと面会したところで、同条約を遵守したことには全くならない、ということです。

本条約で尊重すべきとされているのは、父母による子どもの「養育権」（さらには、そこから導かれる民法上の「親権」）であって、『面会交流権』「会う権利」ではありません。木村草太氏や駒崎弘樹氏は、ほぼ毎回この点をごまかして、「非親権者にも、会う権利（面会交流権）は保障されている」という論点のすり替えを行っています。

さらに木村草太氏は、「そもそも親権は、別居親や子どもに対する面会交流強制権でない」（木村（2019））という、全くピントのずれた主張も行っていますので、ここで「親権」「養育権」と「面会交流権」は何が違うのか確認しておきましょう。

「養育」と「単なる面会」は、そもそも概念が全く違う」という点を理解していないのも大きな問題ですが、一般的な読者にとってまず重要なのは、権利侵害に対する罰則や強制力の違いです。面会交流権については、その実施条項に対する違反があったとしても、罰則はなきに等しいものです。最大でも、数万円程度のペナルティが課されることがあり得る、という程度です。

さらに、親権者がペナルティを払う可能性を承知の上で、意地でも子どもを非親権者に会わせないと決意すれば、それ以上のお咎めは何も存在しません。実際には、「子どもが病気である」「本人が嫌がっている」と主張し、何となくそれっぽい証拠書類さえ添付して提出すれば、ペナルティが課されることすら回避可能なケースが多々あります。

それに対して、共同親権であれば前述の通り、離婚時に子どもの養育計画の策定と裁判所による承認が必須となります。それに著しく反して「親子の引き離し」のようなことがあると、「親権停止」の事由となります。これが、極めて脆弱かつ間接的な強制力しかない「面会交流権」との違いです。

さらに、「面会交流権」は民法上、非親権者本人のみにしか認められていません。非親権者側の祖父母や、血縁関係のある異母きょうだいが面会交流を求めても、子ども本人が概ね10才未満、かつ親権者が反対している場合、これが認められる可能性は皆無です。

なぜなら、民法上の根拠がない権利を非親権者側に認めると、単独親権者の親権侵害に当たる可能性が高いからです。家庭裁判所がこのリスクを冒してまで、「非親権者側の祖父母や異母きょうだいにも、面会交流を認めることが子ども本人の福祉に資する」という判断をすることはありません。

子ども本人が概ね10才程度以上で、「非親権者側の祖父母や異母きょうだいに会いたい」という意思がはっきりしている場合は、さすがに認められる可能性は高くなります。しかし、親権者が子どもに対して「親権」を悪用して、そのような意思表示をしないよう仕向ける可能性は大いにあります。

ここにも、単独親権論者の大きな欺瞞が潜んでいます。彼らは、共同親権とした場合に、親権が濫用されるリスクのみをあげつらって強調します。筆者は、そのようなリスクがあることについて同意し、だからこそ調停制度などの整備が必要であると主張しています（詳細は後述）。

これに対して彼らは、「単独親権者が親権を濫用するリスク」が存在することは決して認めず、その点について議論すらしません。実際にはもちろん、目黒女児虐待事件を挙げるまでもなく、「非親権者に親権を付与した場合、濫用されるリスクがある」のであれば、「単独親権者が親権を濫用するリスク」も、全く同様に存在します。

そして、後者のリスクに対応するためには、共同親権を導入して、離婚後等においても互いの目が入るように制度設計する以外に、方法は存在しません。家庭裁判所や児童相談所が、全ての事案について自ら気づいて対処する、などということが実行可能であるはずがないからです。

なお参考まで、実は筆者自身が一番困っているのが、「血縁関係のある異母兄弟に、面会交流権がない」ということです。別居している兄弟が、いかに絆を感じながら成長する機会を作っていけるか、今一番頭を悩ませています。

しかし、残念ながら面会交流調停において、前妻は「（小学生の）兄を、別居異母弟に会わせるためには、離婚について詳細に説明しなければならなくなる。それは、本人にとってショックであり、寂しい思いをさせることになる」という、実にくだらない論理を持ち出してきました。本人は「弟に会いたい」と明確に発言し、証拠もはっきりと残っているにもかかわらず、です。

しかし、結局は兄弟間に面会交流権が存在しないことから、親権者の判断を覆す法的根拠がないのです。「子どもにとって、本当は何が良いか」などということは二の次になってしまっています。

将来2人が、離れて暮らしながらも兄弟としての絆を感じながら育ってくれるか、あるいは将来、筆者の遺産争いをするだけの関係となるかは、幼い頃にどれだけ交流機会を得られたかが大きく影響します。

それに対し、「子どもにとってショックである」可能性は確かに存在し、ある程度慎重に対応すべきであるというのは、必ずしも間違いではないでしょう。しかし、もう小学生になって、家族関係について友達と話す機会も出てきている中、いつまでも離婚についてきちんと説明しない、などという対応が持続可能であるはずがありません。そのような点だけを過大評価して、弟に一切会わせないことが「子どものため」などというのは、単なる「騙り」であり、「とりあえず目先の臭いものに蓋をすべき」と言っているだけです。

以上について理解できると、木村草太氏が「「現状の家裁は、（面会交流について）適切な処分を出してくれない」と主張する人もいる。しかし、仮にそうだとしても、共同親権は面会強制権ではないから、共同親権を導入しても状況は変わらない。家裁が適切な判断をできていないのだとしたら、家裁の人員拡充、質の向上によって、適切な判断がなされるようにすべきだろう」（木村（2019））と述べているのが、いかに的外れであるかがよく分かります。

「家裁の人員拡充、質の向上が必要」という主張自体は間違いではありません。しかし、「共同親権を導入しても、状況は変わらない」などということはあり得ません。なぜなら、一番の問題は「単独親権が、家裁に対して現在のような運用を必然的に促している」ことにあるからです。

次に、「女子に対するあらゆる形態の差別の撤廃に関する条約（女子差別撤廃条約）」を見てみましょう。

第十六条

1　締約国は、婚姻及び家族関係に係るすべての事項について女子に対する差別を撤廃するためのすべての適当な措置をとるものとし、特に、男女の平等を基礎として次のことを確保する。

（中略）

（d）子に関する事項についての親（婚姻をしているかいないかを問わない。）としての同一の権利及び責任。あらゆる場合において、子の利益は至上である。

ここではっきりと、「婚姻外も共同親権」とする義務が明記されており、誤読の余地はありません。つまり国際法上、単独親権は明示的に「男女差別」に該当するため、禁止されているのです。

これについて、今後は単独親権論者が、「「子どもの福祉」を基準に、公平に親権者を決定しているのだから、男女差別ではない」という主張を強めてくることが予想されます。しかし、それは彼らの勝手な主観であって、国際法はそのような主張を許容していません。

また、離婚の約9割を占める協議離婚または調停離婚においては、中立の第三者が「どちらが親権者にふさわしいか」判断を下すことはありません。ただ単に、いずれか一方の親権が剝奪されるということだけが強制されており、後は当事者間で決定する（という形態を取る）だけです。

基本的人権

ここで、国際法における「児童の権利に関する条約」「女子差別撤廃条約」の位置付けについて確認しておきましょう。これらの前文を読めば分かる通り、「国際連合憲章」「世界人権宣言」において「基本的人権」「人間の尊厳及び価値」「全て人の平等」「差別の禁止」等が謳われているの受け、これらの価値の具体例として締結されたものです。

しかも、これらは単なる技術的・付随的な2条約ではありません。国連が採択している9つの「中核的人権条約（core human rights treaties）」を構成する2条約であり、国際社会の多数の国が賛同して共通の人権基準を設定し、その内容を実現すべく各国で取り組もうというものです（申（2020））。以上から、「養育権」が「基本的人権」に該当するのは明白であると言えます。

それでは、なぜ（ほぼ）日本の法律家だけが、このことを否定するのでしょうか。実は、これだけ世の中に単独親権論者があふれているにもかかわらず、彼らが「養育権（親権）は基本的人権に該当しない」と明言することはほとんどありません。ほぼ全ての論考において、「該当する」とも「該当しない」とも言わないという、お得意の「言わない作戦」を採用しています。

例外的に、最近になってようやく、木村草太氏は以下のように述べています（木村（2020））。

「親権のうち、「重要事項決定権」や、親子交流以外の「監護権」を、「親の当然の権利」とみることはできない。こうした権利は、国家の作る法制度において、「子どものために契約の代理人となったり、子どもの進路決定に法的有効性を認められたりする資格」、あるいは、「当事者が望むと望まないとにかかわらず、養育に必要な費用を払ったり、世話をしたりする資格」である。すなわち、国家以前に存在する「自然権」とは観念し得ない」

この主張は、「親権」は民法上の規定に過ぎないことを前提としています。しかし、仮にそうであったとしても、民法上の「親権」を基礎づける「養育権」が基本的人権であることは、これまで繰り返し述べてきた通りです。

我が国のみならず古今東西、近代国家成立のはるか以前から、子どもを「養育」「監護」「教育」し、「重要事項について決定」してきたのは「家族」であり、中でも中心的な役割を果たしてきたのは「親」です。事後的に成立した近代国家が、そのことを近代法上に位置づけて表現しようとしたら、「親権」「監護教育権」という概念になったに過ぎません（念のため、ここで「家族」と言っているのは、「父親は通い婚で母方居住の大家族や共同体」といったものを含んだ広義の「家族」であり、近代的な家族のみを指すものではありません）。

細かい専門用語は別として、この程度の概要については、恐らく高校生以上であれば普通誰でも知っているでしょうが、中にはご存じない方もいるようです。

また、同氏は以下のことも述べています。

「（代理人として子どもの権利を実現する）「権利実現義務者」は、子どもの利益を考えて合理的に判断・行動できる大人であればだれでも良い。理論的には、子の出生と同時に、国家が責任をもって権利実現義務者を配分する、という制度も考えられなくはない。しかし、実の父母は、わが子（中略）について、誰よりも強い関心を持つのが一般的であるから、実親が権利実現義務者となるのが合理的であることが多いだろう」

一見もっともに聞こえるかもしれませんが、これは大きな誤りです。同氏の議論は、誰が子どもの「権利実現義務者」であるべきか、最終的な判断権限は国家が独占することが前提となっています（同氏の主張に限らず、「養育権（親権）は基本的人権ではない」というのはそういう意味です）。

仮にその判断基準が、「子育ての知識・実技・面接テスト」「経済的水準」「知能指数」といったものや、あるいは「子どもの養育実績がある人が優先で、ない人は実親であっても常に後回し」「弁護士資格保有者が優先」「国が自らの責任で全ての子どもを養育する」であったとしても、もちろん違憲ではありません。また、実質的に「思想テスト」や「民族・宗教差別」といったものを含んでいたとしても、国に否定されればそれまでになってしまう可能性が大いにあります。

これでは、主権者である国民が「国家権力の暴走を制限する」という、そもそもの「憲法の存在意義」（立憲主義）を実現できません。国家権力の暴走を制限するために、「子」自身に「基本的人権」を付与するだけでは不十分なので、「子」の代理人かつ教育・養育者である「親」に対しても基本的人権である「養育権」を付与する、というのが憲法の理念であり、国際人権法の常識です（「立憲主義」の詳細については、長谷部（２０１８）、長谷部（２００４）等参照）。

別の言い方をすると、同氏の主張は極めて国家主義的であり、その根幹が「戦前の「家制度」の基本構造を温存することにある」ということが、ここで明白になっているということです。恐らく同氏は、そのことを決して認めないでしょうが、仮にそうであれば、自分が何を主張しているのか、本質を全く理解していないことになります。

ここで、国際法の条文を確認してみましょう。

世界人権宣言

第十六条

３　家庭は、社会の自然かつ基礎的な集団単位であって、社会及び国の保護を受ける権利を有する。

第二十六条

3　親は、子に与える教育の種類を選択する優先的権利を有する。

自由権規約（市民的及び政治的権利に関する国際規約）

第十八条

4　この規約の締約国は父母及び場合により法定保護者が、自己の信念に従って児童の宗教的及び道徳的教育を確保する自由を有することを尊重することを約束する。

これらを読んだ上で、43ページ掲載の「児童の権利に関する条約」を再読すると、国際人権法は木村氏のような主張を許容していないことが明らかであって、多言を要しないでしょう。誤解の余地はないと思いますが念のため、「父母及び場合により法定保護者」というのは、「原則は父母である」という意味です。

以上のような議論だけだと抽象的過ぎて、理解しづらい方もいるかも知れませんので、もう少し具体的に見てみましょう。以下は、同氏の著作からの引用です（木村（2018））。

「市民社会では「傷害」や「暴行」になる行為が、（学校では）「体罰」として正当化される。（中略）巨大組み体操の非常識さは、目を覆わんばかりだ。（こうした事態に対処するには）まず、教師ら教育関係者にも、子どもたち自身にも、子どもの権利を教育し、（中略）認識させることだ」

「憲法や条約で権利を保障しても、関係者がそれを知らなければどうしようもない。（中略）ただ、これが案外難しい。（中略）現実には、（中略）一つひとつの行動をとらえて、「これは危険です」と具体的に指摘していくしかないだろう」

非常に優れた指摘ですが、ここで重要なのが、教育関係者に対して「一つひとつ具体的に指摘していく」役割を一義的に果たし得るのは、ほとんどの場合「親」でしかあり得ない、ということです。そして、「公教育」という権力に対抗するためには、単に民法で「親権」を付与されているだけでは不十分であり、その地位が「基本的人権」である「養育権」に基づいて、憲法上保障されている必要があります。

「民法の規定で充分である」と主張する民法学者はいるかもしれませんが、それは「立憲主義」を標榜する憲法学の立場ではありません。民法の規定のみでは、「親」にとっては結局、国に首根っこをつかまれているのと同じであるからです。

また、「人権に対する教育関係者の認識は甘い」ということを正しく認識しておきながら、「国家が「権利実現義務者」を決定する最終的な判断権限を独占する」ことを前提に主張を展開するというのは、著しい矛盾です。教育関係者の認識がその程度であるにもかかわらず、国家が必ず「権利実現義務者」を適切に判断できるという根拠は何なのでしょうか。

ここでやや本題を逸れますが、木村草太氏という人物は、本業の法解釈においてどのような評価を受けているのか、特にメディア関係者や共同親権運動家の方々には、広く知っておいて頂きたいと思います。

その一端を一番良く垣間見れるのが、評論家の田原総一朗氏が、東京大学名誉教授の井上達夫氏や東京外国語大学大学院教授の伊勢﨑賢治氏と、憲法第9条について議論している以下のやりとりです（田原・井上・伊勢﨑（2019））。

田原「木村草太さんの言っていることなんて、完全なるごまかしだよ」

井上「田原さん、それを見破っておられるのはさすがです。木村君の説は憲法学説、法学説としてあまりに荒唐無稽なので、まともに相手にするに値しないと私は思っていました。しかし、（中略）学会での彼に対する評価を知らないメディアが、木村説を（中略）通説であるかのごとく扱っているのに気づきました。これは放っておけないと考え、私も（中略）そのひどさを指摘するようになりました。（中略）「立憲主義という企て」という学術書の中でも、（中略）「お話にならない暴説」として、木村説に鉄槌を下しています」

田原「憲法13条（筆者注：生命、自由及び幸福追求に対する権利）なんて出して説明したって、普通は納得しないよ」

（中略）

伊勢崎「9条の自衛隊の議論を（中略）「人権」に結びつけることは、大変にやばいと思います。だって、自衛権は国家に帰属する、いわば国家の暴力ですから。その暴力に蹂躙されるのが人権ということで、戦後、国連の誕生と共に、人権という概念が発展してきているのです」

伊勢崎「木村さんの論法だと、人権は大切、だからそれを守るのは国家の責任、ゆえに国家の安全保障、つまり自衛権は一番大事、となる危険性があります。つまり、人が殺されないように守るためなら、戦争をしてもいいと、都合のいい言い訳に利用されてしまいます」

最後の指摘は、やや厳密さに欠ける例えではありますが、「子どもの人権は大切、だからそれを守るのは国家の責任、ゆえにそれを守るためなら、国が自由に「権利実現義務者」を決定して良い」という、極めて短絡的な議論に通じるものがあります。この論理が正当化されるのは、親の権利を止めることでしか子どもの福祉を守れないという、やむを得ない事情がある場合（具体的には、親権喪失・親権停止事由に該当する場合）のみです。法解釈というのは、文章が「～、だから～」と論理的に繋がっておりさえすればそれで良い、というものではないのです。

前述の『立憲主義という企て』（井上（２０１９））において井上氏は、木村氏の「立憲主義」に対する理解水準を問題視し、憲法９条に関する木村説について、「解釈改憲の暴論」「憲法破壊者としての護憲派」と痛烈に批判しています。ここでは詳細をご紹介できませんが、興味を持たれた方は、是非ご一読頂ければと思います。また、篠田（２０１９）第13章も大変参考になります。

さて、「養育権」と「国際諸条約の関係」について、単独親権論者の主張は今一つはっきりしない部分があるのですが、我が国の法学における「通説」を見ていくと、一定の推測は可能です。「通説」では、「憲法」は「条約」の上位にあるとされています。ここから、国際法上は「養育権」は「基本的人権」に該当するとしても、我が国においては該当しない、と主張する余地が出てくるのです。

ここで、日本国憲法の条文を確認してみましょう。

第九十八条
２　日本国が締結した条約及び確立された国際法規は、これを誠実に遵守することを必要とする。

ここでは、条約や国際法の遵守義務が明記されています。従って、日本国憲法においても「養育権」は「基本的人権」である、という結論が導かれます。仮に、憲法の他の箇所で「養育権は基本的人権に該当しない」ことを示唆する文言が存在するのであれば、「条約に対する憲法の優位性」を根拠に否定する余地が生じますが、実際にはそのようなものは存在しません。従って、これ以外の解釈は論理的に不可能です。

以上に関連して、本書を執筆中に興味深い経験をしました。法律の専門家ではない一般の方に対して、「国際法上、養育権は基本的人権である」と説明すると、割とすんなりと納得頂けます。

それに対して、日本法の専門家になればなるほど、「憲法上、養育権（親権）が基本的人権であるという根拠は、結局何なのか？」と聞き返されるのです。そこで筆者が「我が国が批准している国際諸条約です」と答えると、「それだけでは、人権論として確立されていると言い切れないかもしれない」と言うのです。日本法の専門家の間で、「条約に対する憲法の優位性」というテーゼは、それほどまでに強固なようです。

これは非常に重要なポイントですので、かなり重複してしまいますが、再度述べておきます。筆者が、「憲法上、養育権は基本的人権である」と主張している根拠は以下の通りです。

- 国際法上、養育権は基本的人権であり、我が国は、そのことを定めた国際諸条約に批准している
- 憲法第98条は、「日本国が締結した条約及び確立された国際法規の遵守義務」を規定している
- 憲法の他の箇所で、養育権が基本的人権に該当しないことを示唆する文言は存在しない
- (補足)百歩譲って、仮に「養育権は基本的人権である」とは言い切れないとしても、憲法第98条による条約遵守義務が消滅するわけではない

以上は、「法学の通説」なるものを一旦忘れて、「ファクト(法文)」「ロジック」だけをきちんと追いさえすれば、必ず理解できることです。「条約に対する憲法の優位性」などというふわっとした抽象論は、これに対する反論になっていません。「憲法の優位性」によって「憲法

第98条」を否定するというのは単なる背理であって、法文をかなり捻じ曲げることでしか成立しないものです。

これまで日本法を専門的に学んできた方ほど、以上の説明に納得できないかもしれません。その場合は、国際政治学者の篠田英朗氏による憲法論を是非参照頂きたいと思います（篠田（２０１９））。同氏が、

「日本国憲法は、長年にわたって、一部の社会的勢力の権威主義によって毒されてきた。国際社会を見ず、国際法を無視し、日本国内でしか通用しない「憲法学通説」の独善的な解釈によって、毒されてきた。しかし、本当の日本国憲法は、ガラパゴスなものではない。本当の憲法は国際主義的なものであり、日本が正当な国際社会の一員となり、国際社会の規範に従って活躍することを望んでいる」

「日本国憲法の前文は、国連憲章を中心とした現代国際法を前提にして憲法が成立していること、さらに、日本の主権回復には現代国際法の遵守が前提になることを宣言している」

「よく濫用される俗説で、条約に対する「憲法優位説」を振りかざして国連憲章を否定しようとする人も少なくない。仮に「憲法優位説」が正しいとしても、国際法の規定が自動的に無効

化されるわけではない。憲法98条2項による憲法上の義務を、「憲法優位説」で否定することはできない」

「憲法学「通説」なるものは、各大学教員人事や司法試験・公務員試験に絶大な影響力を持つ東京大学法学部を頂点としたヒエラルキーによって決まっており、「通説」であることは必ずしも内容の妥当性を保証するものではない」

「日本では、危険なまでに実際の国際法の内容を無視して国際法を説明しないと、法律家にも公務員にもなれない。日本では、法律家や公務員とは、試験に合格するために、国際法を蹂躙することを強いられた経験を持つ者たちのことである」

と述べている趣旨を確認してみてください。

また、国際法の専門家によるものとしては、申惠丰氏による解説が挙げられます（申（2020））。論理構成に違いはありますが、国際人権法に関して同書の序章で述べられている内容は、基本的に篠田氏の主張と同じです。これらを読んだ上で本書を再読すれば、きっと真意をご理解頂けることでしょう。

現在係争中である3件の国家賠償請求訴訟において、国（法務省）は「養育権（親権）」が「基本的人権」であること否定しているため、原告は苦労しながら反証を試みています。これは、現行法制の立て付けを考えると恐らくやむを得ないことなのでしょうが、これは本来、あってはならないレベルの「日本のガラパゴス」です。

個人が国際人権法を根拠に人権救済を申し立てる際に、「憲法上も基本的人権であることを立証する」という、極めて重く困難な責任をいちいち負わされること自体が、重大な人権侵害であると言えます。本来であれば、「養育権（親権）は国際人権法上、「基本的人権」である」というだけで9割方、話が終わっていなければならないのであって、これ以上議論することはほぼ何もないのです（基本的人権であることは認めた上で、「子どもの福祉のために制限が必要である」というのは当然あり得ます）。

このような不合理なことが生じないようにするために、「憲法」と並んで「国際人権法」が存在するはずなのですが、残念ながら我が国の法律家で、このことを理解している人は極めて少数であり、むしろ寄ってたかって否定しようとしているのが現状です。

木村草太氏の主張

次に、木村草太氏の主張について、さらに詳細に見てみましょう。同氏の主張の根幹について一番分かりやすいのが、2020年2月17日に東京・恵比寿にある日仏会館で行われた討論会における、以下の発言（要旨）です。

「離婚後において両者（親）が協力できるのであれば、単独親権であっても事実上の共同親権にできるので、新たな立法は不要。協力できないのであれば、子について何も決定できないという、いわゆる「デッドロック」に陥ってしまい、子にとって有害になる」

これに対して筆者は幸運にも、聴衆の中からパネラーに対する質問者に選ばれ、木村氏と以下のやり取りをしました。

筆者「木村先生は前述のようなお考えとのことだが、そうであれば、なぜ「婚姻中についても単独親権とすべき」と主張されないのか。前述の議論は、婚姻中についても全く同様に成立するはず」

木村氏「お答えとしては、婚姻中に子について両者で合意できないのであれば、離婚すべきということです。民法の教科書にもそのように書いてあります」

筆者「それはおかしい。離婚すべきかどうかは、経済的問題等様々な要素が絡む話であって、子について合意できるかどうかだけで決められる話ではない」

残念ながら、途中まで言いかけたところで時間切れとなり、司会に発言が止められてしまいました。なお、ここでは「同氏の発言」として紹介していますが、内容は木村（２０２０）・木村（２０１９）と基本的に全く同じです。

既にお気づきかもしれませんが、同氏の回答は全くの論点ずらしで、「なぜ、「婚姻中についても単独親権にすべき」と主張しないのか」という質問に対して、全く答えていません。さらに、同氏の発言は現行制度の大枠を肯定しているように見受けられますが、そうであれば、「では、なぜ婚姻中は共同親権が望ましいと言えるのか」という問いに答えなければなりません。これらについて何も言わないのであれば、無回答に等しいと言えます。

この点は非常に重要なので、もう少し敷衍して述べておきます。現行法において、「婚姻中は共同親権」と規定されています。これに対して、「婚姻中の共同親権は、子どものために良くない。単独親権にすべき」と主張する人が皆無なのはなぜでしょうか。

それはもちろん、「親にとっても子にとっても、共同親権が一番良い」と皆が知っているからです。あまりにも当然過ぎるから、大半の人は疑問にすら感じたことがないのです。このことは、婚姻外共同親権を議論する上で、一番重要な立法事実です。

まず、現行法で婚姻中は共同親権とされている立法趣旨がどういったことであるのか、皆で確認しコンセンサスを得た上で、「その中で、制度整備などを最大限行ったとしても、どうしても婚姻外では実現不可能な項目はあるのか」という観点から議論が進められなければなりません。ところが現実には、「共同親権の欠点ありき」で、そこから結論ありきの議論になってしまっているケースが大半です。

どんな制度にも、必ずメリットとデメリットがあります。共同親権論者も、「共同親権は全く欠点のない、完璧な制度である」などということは誰も言っていません。このことを無視して、共同親権の欠点のみをあげつらって反対するなどというのは全く意味のない主張であり、そもそも論理が成立していません。

補足すると、子について何も決められないといういわゆる「デッドロック」に対応するには、調停制度などを拡充する以外に方法はないのであって、そうすべき問題なのです。これは、婚姻中であるか否かは全く関係のないことであって、「離婚すべき」などというのは単なる論点のすりかえです。

それをやらないというのは、例えて言うならば、「民主主義では迅速な意思決定が不可能で、国民のためにならない。従って、独裁にすべきである」というのと、主張のレベルとしてほとんど変わりません。また、もし本当に「迅速な意思決定」が最重要課題なのであれば、「婚姻中も単独親権とすべき」と併せて主張しなければ、整合性が取れません。

百歩譲って「離婚すべき」というのが仮に正しいとして、では離婚できなかったら、一体どうするのでしょうか。また、現行法において「子に関する不一致」が、少なくとも明示的には離婚事由とされていないという事実は、木村氏の主張とどのように整合性が取れるのでしょうか。

前述の木村説について、もう一つの大きな誤りは、「両者（親）が協力できるのであれば、単独親権であっても事実上の共同親権にできるので、新たな立法は不要」というくだりです。

第1章で述べた通り、親権者の決定に当たっては、「子どもの監護実績」が一番重視されます。そのため、親権者になりたいと思ったら、まずは子どもの身柄を確保した上で、自ら子どもを監護した実績を確保する必要があります。

逆に言うと、相手方に「監護の実績」を作らせないことが必要であり、そうしないと自分が親権を失ってしまう可能性があるということです。つまり、単独親権が「両者が協力できない」構図を必然的に作り出しているということが問題の核心なのであって、その点について何も触れずに「両者が協力できるのであれば～」などという前提を置くこと自体が、全くの欺瞞であるということです。

さらに、仮にかなりの幸運によって、それでも単独親権の下で事実上の「共同養育」にできたとします。その場合でも、法的な共同親権に基づいた「共同養育」の場合と比べて、「養育」の内容が同一であるはずがありません。

後者の場合、意見の対立があれば、裁判所が中立の立場から判断することになります。それに対し前者の場合は、協議の結果合意に至らなかったときは、かなり偏った内容であっても「親権者」の判断を最終結論とせざるを得ないからです。「事実上の共同親権」と言っても、非親権者が親権者にかなりの譲歩・忖度をすることでしか成立せず、「健全な緊張関係」とはほど遠いものになるのは明白です。

やや論点は変わりますが、ここで前にも少し触れた、木村説の「もう一つの欺瞞」について

再度述べておきます（木村（２０１９））。それは、

「「親には、子どもに会ったり、その成長に関与したりする憲法上の権利はない」ということではない。他者と直接会い、話をしたり意見を交わしたりすることは、人間にとって幸福の源である。そうすると、親が子に会う自由、子が親に会う自由は、（中略）憲法13条により保護されると解される。ただし、人に会ったり、関係を取り結んだりすることは、一人で行う行為ではなく、相手との合意に基づいて行われる。親子が会う自由は、両者に会う意思がある場合にのみ行使できる権利である」

という、いわゆる「会う権利」論です。前にも少し触れましたが、木村氏が「親権」と「面会交流権」もしくは「会う権利」の違いを正しく理解せずに、独善的な議論を展開している原因はここにあります。「会う権利」というのは、基本的に赤の他人同士の関係について適用されるべき原理であって、これだけを親子関係や家族関係にそのまま適用するというのは、全くの失当です。

家庭裁判所において、子どもが概ね10才未満の場合は「まだ判断能力が十分でなく、子どもの意思がはっきりしない」という前提で判断されます。多くの場合、プロセスとして調査官による子どもへのヒアリングは行われるでしょうが、そのことが家庭裁判所の下す結論に対して、

決定的な影響力を持つことはありません。

このことが、実際の決定に対してどのように影響するのか、２つの例を見てみましょう。１つ目は仮想的なものですが、仮に日本政府がある日、

「乳幼児は政府が一元的に養育し、10才に達するまでは親に一切面会させない。面会させるのは、10才を過ぎてから本人の意思が確認された場合のみとする」

という政策を打ち出した場合、一体どうなるでしょうか。上述の通り、一般的に概ね10才未満の子どもは、自分の意思がはっきりしないものとして扱われます。従って、木村氏の「会う権利」論によると、個人は政府に対して、この政策の違憲性を主張できないことになります。この結論を受け入れられる人は、恐らくまずいないでしょう。もちろん、一般的な社会通念や国際法にも著しく反します。

このような全体主義的な政策について、「ほぼ全ての人が許容せず、生理的な嫌悪感を覚える」ということが、「養育権」が自然権に由来する「基本的人権」である、ということの明白な証拠です。

古代ギリシアの哲学者であるプラトンは、主著『国家』でこれに近い制度について述べていますが、それ以降二千年を超える人類の歴史で、こうした制度が大々的に支持された事例は皆無であると言って良いでしょう。なお、だからといって全くの机上の空論であるとも言い切れません。実際、イスラエルのキブツや毛沢東政権下の中国、またポル・ポト政権下のカンボジアなどでは、かつてこれに近いことが行われていました。また、報道を見る限り、中国の新疆ウイグル自治区で現在起こっていることは、これに近いものがあると思われます。

これに対して、「「10才未満の子どもは、自分の意思がはっきりしないものとして扱われる」ということ自体が恣意的な設定である」という反論があるかもしれません。しかし、少なくとも生まれて数年は言葉が話せない、あるいはかなり未熟であるのは明らかですので、「10才」が「８才」や「６才」であっても、問題の本質に変わりはありません。

また、同氏は「（法律婚または事実婚の夫婦の場合）多くの子どもは、父母双方と深い人間関係の形成を望む」のに対し、「離婚後の夫婦関係が多様である以上、安易に原則やデフォルトを定めず、（中略）何が最善であるかを慎重に決定しなくてはならない」と述べていますが（木村（２０２０））、これは単なる差別であり、偏見です。

もちろん事実は、「法律婚の夫婦関係だって多様」であるにもかかわらず、「「共同親権」というデフォルト」が定められています。また、離婚後においても、多くの子どもは父母双方と、深い人間関係の形成を望んでいます。

もし「それは違う」と言うのであれば、同氏は具体的な事実をもって、そのことを立証しなければなりません。立証責任を負っているのは同氏であって、共同親権論者ではありません。立証できないのであれば、合理性が全く存在しない「差別」そのものです。

さらに、同氏が実際に主張しているのは、「離婚後については単独親権をデフォルトとし、両親が協力できる場合のみ共同親権も認める」ということであって、「デフォルトを定めない」などということは言っておらず、立場に全く一貫性がありません。

以上について理解できると、親子関係において適用すべき基準は、「虐待などの具体的な事実が存在し、かつ（可能な場合）当事者の明確な意思表示がある場合は、「親が子を養育する権利」「子が親に養育される権利」を制限する」ということであって、その権利性はやはり自然権・基本的人権に由来するということが分かります。

また、ここで重要になるのが、「親権」は主に、「政府」「社会」に対して親権者が主張する権利であるということです。よく、「「親権」は子どもの福祉のために行使されるものであり、その本質は「権利」というより「義務」である」という言い方がされることがあります。この根底にある考え方自体が、全く間違っているわけではありません。

しかし、ここで視点として抜け落ちているのが、「政府・社会に対しては、親権者が権利性を主張した上で子どもに接することが、一般的に子どもの福祉に資する」ということです。そうでないと、仮に政府が、極めて偏った全体主義的な教育を行ったような場合でも、政府が「子どもにとってそれが良い」と主張する限り、親が対抗するための権利基盤は極めて脆弱である、ということにしかなりません。だからこそ、「親権」は政府・社会に対しては主に「権利」であり、同時に子どもに対しては主に「義務」なのです。

なお、前述の通り、現在係争中である3件の国家賠償請求訴訟において、国は「養育権（親権）」を「基本的人権」として認めていません。これは人類共通の「人権概念」に対する重大な挑戦ですので、万が一そのような判決が確定してしまった場合、あるいは最高裁判所が憲法判断を回避した場合は、国連人権理事会や国連子どもの権利委員会、あるいは女子差別撤廃委員会等に対して発言権を持つ国際ＮＧＯなどがこの事実を通告し、国際的な人権問題として討議するように働き掛けなければなりません。

本題に戻って、2つ目の例は第1章で「面会交流権」について述べた部分と重複しますが、より現実的なものです。仮に8才の子どもの両親が離婚し、子どもが単独親権者と同居しているとします。ここで、非親権者が「子どもを非親権者側の祖父母に会わせたい」という申立を行った場合、どうなるでしょうか。

仮に子どもが家庭裁判所の調査官に対して、「非親権者側の祖父母に会いたい」という趣旨の発言をしたとしても、家庭裁判所は、面会を認める決定を下すことはありません。最終的な結論においては、「まだ幼いため、子どもの意思が不明瞭である」として、親権者の判断を優先するからです。

言うまでもありませんが、親権者が子どもを、自分の祖父母に会わせることについては、暴力的な祖父母でもない限り何の支障もありません。そもそものことについて、誰も疑問にすら感じないでしょう。これが、「親権」と「会う権利」の本質的な違いです。

では、仮に子どもが概ね10才以上で、本人が強硬に「非親権者に会いたくない」と主張するような場合はどうなるでしょうか。この場合、家庭裁判所としては難しい判断を迫られることになります。

ここで問題になるのが、それが本当に子ども本人の意思なのか、あるいは単独親権者の指示や忖度によるものなのか、区別が非常に困難だということです。ここで単独親権者は、「こうした場合においても、家庭裁判所は半ば無理矢理、子どもを非親権者に会わせようとする。それは大きな問題だ」と主張するのですが、一番重要なのはそこではありません。

問題の本質は、「単独親権が一律で強制されているため、多くの場合子どもは、どちらの親を選ぶか二者択一を迫られる。そのことが、「本人の確固たる意思」と評価すべき範囲がどこまでなのか、分かりづらくしてしまっている」という、全体の構図そのものにあります。

婚姻外も共同親権が当たり前の社会となれば、子どもがどちらか一方の親を選ばなければならない必然性は大幅に低下します。もちろんそれで、可能性がゼロになるわけではありません。しかし、そもそも完全無欠の制度など存在しないのですから、それはある程度仕方のないことです。

逆に言うと、共同親権が当たり前の社会になった上で、それでもなお子どもが「一方の親に会いたくない」と言うのであれば、単独親権が強制されている現状と比べ、「間違いなく本人の意思である」と判断できる蓋然性は高まると言えます。

そうした場合、「一方の親には全く会わせない」と決定することを原則とすべきでしょうか。

あるいは、それでも家庭情報問題センター（ＦＰＩＣ）等の協力を得ながら、多少なりとも会う機会を作っていくことを原則とすべきでしょうか。

筆者の考えは後者です。なぜなら、本人の意思を極力尊重すべきなのは当然である一方、子どもの意思というのは移り変わりが大きいもので、一時の意思表明を確定的に捉えるのは、結局将来的に、本人のためにならない可能性が高いと考えるからです。

仮にその結果、本人が成人後もやはり、一方の親に会いたくないということであれば、それは間違いなく本人の意思です。大人になってから自ら判断するための機会を、子どものときに全く与えられないことの方が、問題として大きいと考えます。但し、

・子どもが第三者に対し、いずれかの親に会いたくない意思を明確に表示している
・さらに、虐待の存在等、具体的な理由を述べている

といった場合は、恐らく例外とすべきでしょう。

但し、筆者はここで、「これ以外の考え方は全く間違っている」と主張するつもりはありません。これこそが、社会全体で議論し、コンセンサスを得ていくべき論点でしょう。

我々は「共同親権か単独親権か」などという、既に白黒がはっきりしている問題について、いつまでも議論している場合ではないのです。一刻も早く、「共同親権の欠点を、いかに制度的にカバーしていくか」「必要となる予算を、どのように確保していくか」について、現在の単独親権論者も含めて、一刻も早く社会全体で議論を加速すべきです。

リプロダクティブ権

「養育権」が「基本的人権」であることは、「リプロダクティブ権」の存在からも理解することができます。「リプロダクティブ権」とは、「人々が生殖の過程で、身体的、精神的、社会的に良好な状態であること、それを享受する権利」を意味し、「子どもを産み育てるかどうかを意思決定する権利」も含まれます。

かつて我が国では、旧優生保護法に基づいて、障がい者等に対して強制的に不妊手術が行われていました。このことが「リプロダクティブ権」の侵害に当たるとして、国に対して行われた一連の訴訟では、「リプロダクティブ権」が「基本的人権」に当たると認定され、違憲判決が続いています（国家賠償請求自体は「時効」として却下）。

ここでタイムマシンに乗って、強制不妊手術を受けさせられる直前の人に会いにいくことを想像してみましょう。

「「リプロダクティブ権」は基本的人権と認められたので、このような手術を受けなくても良いのですよ」

と伝えることができたとすれば、ご本人は泣いて喜ぶことでしょう。

しかし、これに続けて、

「「リプロダクティブ権」は基本的人権ですが、「養育権」は基本的人権ではありません。従って、あなたには子どもを産む自由はありますが、産んだ子どもは少なくとも10才までは、政府が責任を持って養育するので、あなたには一切会う権利がありません。その後についても、本人が「親に会いたい」と言った場合のみ、面会が認められます」

と伝えたとしたら、どうでしょうか。誰だって、

「それでは「リプロダクティブ権」が保障されたことにならないではないか。この人は「子ど

もを産むだけの機械」扱いなのか？」

と思うことでしょう。

これが、誰が聞いてもおかしな話であるのは、なぜでしょうか。答えは簡単で、「リプロダクティブ権」が基本的人権であることを認めておきながら、「養育権」は基本的人権ではない、などというのは、立場としてそもそも成立していないからです。以上からも、「養育権」が「基本的人権」に該当するのは明白であると言えます。

また、「養育権（親権）は基本的人権ではない」という主張は、旧優生保護法被害者に対する侮辱である、と捉えることもできます。いわゆる「共同親権運動」を展開している方々は、旧優生保護法の被害者と協同運動を展開していくことはできないか、是非ご検討頂きたいところです。

婚姻外共同親権が必要とされる根拠

ここで、婚姻外共同親権が求められる根拠について整理してみましょう。斉藤（２０１９）は、その立法事実と成り得る候補として、

①　単独親権制が離婚紛争の激化を招致し、子の連れ去りや虚偽ＤＶなどの原因になっている
②　単独親権制であると面会交流が促進されない
③　単独親権制であると養育費の支払が促進されない
④　単独親権制であると子の喪失感が大きい
⑤　単独親権制では子の虐待が見逃される
⑥　諸外国の立法例にならうべき

を挙げ、これらの主張は「全て誤りである」として否定しています。このうち、①②⑤については、本書の他の箇所で述べていますので、ここでは繰り返しません。

③について斉藤氏は、共同親権だと「同居中の支配服従関係が継続し、別居親のいいなり、言われるがままの条件で合意することを余儀なくされるケースが増えることが予想される」と述べていますが、これも無知による誤解です。共同親権になれば、裁判所が子どもの養育計画を承認することで初めて離婚が成立するのですから、指摘のようなケースは消滅していきます。

また、「共同親権のもと、（中略）多くの監護を分担しているということで、養育費の大幅な

減額になっているという事案などは問題だと言わざるを得ない」と述べていますが、本当に問題なのは、「養育費は高ければ高いほど良い」という、根拠のない素人的な発想に基づいて「問題だと言わざるを得ない」と断定してしまっている同氏の主張です。詳細は、本書第5章をご参照ください。

④に関しては生物学・心理学的見地から総合的に検討すべきで、これについては第4章で詳述します。「喪失感」だけを取り上げて議論するというのが、不適切な問題設定でしょう。

⑥について、諸外国の経験から学ぶということは積極的に行うべきですが、「諸外国の導入例は、直接的にそのまま我が国の立法事実になるものではない」というのは当然のことであって、そもそも意味のない論点です。

なお、海外の事情については、やや古くなってしまっていますが、財団法人日弁連法務研究財団（2007）が参考になります。その他、棚瀬（2010）、エリザベス・セイヤー&ジェフリー・ツィンマーマン（2010）なども挙げられます。

しかし、ここで重要なのは、以上で述べたようなことではありません。一番の問題は、①〜⑥が「共同親権が求められる立法事実である」と、一体誰が主張しているのか、という点です。

同書（梶村・長谷川・吉田（２０１９））では、「共同親権論者の主張」として取り上げられているものについて、出所が明示されているものがほとんどないことから、非常に論旨が追いづらいだけでなく、そもそも検証不可能な構成となってしまっています。

①～⑥で挙げられている点のうち多くは、「共同親権を導入すると、結果的に得られる効果」ではありますが、一義的な「立法事実」ではありません。そのような、そもそも成立し難い主張ばかりを例に挙げて、「ほら、共同親権論者の主張はおかしいでしょう」と言ってみたところで、何の意味もありません。

ここまでお読み頂ければ既にお分かりのことと思いますが、婚姻外共同親権が必要とされる立法事実は、

•「婚姻中は共同親権」とされ、実際に子どもの共同養育が行われていることが、社会で幅広く支持されており、単独親権論者を含めて誰も疑問にすら感じないほど当然のことと受け止められている。親はもとより、子どもの福祉にも大いに資するものと解されており、両者ともそのメリットを享受している

•これに対し、婚姻外については一律機械的に単独親権が強制されてしまっており、子ども・親共に共同親権によるメリットを不当に享受できないのみならず、第１章の冒頭で述べたよ

うな不利益を被っている

- 国際法上、養育権は「基本的人権」である
- 国際法上、単独親権は明示的に「男女差別」に該当し、禁止されている
- 我が国は、婚姻外についても原則的共同親権が求められる国際諸条約に批准している。さらに、憲法第98条によって、国はその遵守義務を負っている
- 憲法上、「リプロダクティブ権」は「基本的人権」である

ということです。

さらに、概念的な根拠を補足すると、

- 婚姻中は共同親権であるにもかかわらず、婚姻外についてのみ一律機械的に単独親権を強制しなければならない合理性が、どこにも存在しない。合理性が存在しない区別は「社会的差別」そのものであり、そのようなダブルスタンダードが許容される余地はない
- 単独親権論者は根拠として「DV対応」「デッドロック論」を挙げるが、これらが根拠にならないのは、既に見てきた通り
- DV対応については、DV防止法やその運用などを改善していくしかないことは自明であり、単独親権を一律で強制する立法趣旨が「DV対応」などということは、法律論としてそもそ

も成立し得ない。さすがに国（法務省）もそのような主張はしておらず、巷の単独親権論者が勝手に両者をリンクさせようとしているだけである

•「リプロダクティブ権」が「基本的人権」とされているところ、併せて「養育権」も「基本的人権」として保障されていなければ、「リプロダクティブ権」が実質的に無意味になってしまう

ということです。

繰り返しになりますが、単独親権論者が「全ての離婚夫婦について、一律機械的に一方の親権を剝奪しなければならない必要性」について、立証責任を負っているのです。そして、彼らがその責任を果たしたことは、これまでに一度もありません。共同親権論者が一義的に立証責任を負っているのではない、ということに留意する必要があります。

原則的共同親権 vs 選択的共同親権

よくある誤解の一つが、共同親権論者が導入を求めているのは、「両者が共同親権を望む場合にそうすることができるという、いわゆる「選択的共同親権」である」というものです。この誤解の大きな原因となっているのが、「夫婦別姓運動が求めているのは「選択的夫婦別姓」

である」ということのアナロジーで考えてしまっていることにありますが、これは誤りです。今後導入すべきは、あくまで「原則的共同親権」でなければなりません。

ここで、「原則的共同親権」と「選択的共同親権」の違いについて考えてみましょう。どちらの場合でも、両者が共同親権を望む場合は共同親権となるし、両者が単独親権を望む場合は単独親権にできるので、これらの場合に差異は生じません。

問題は、一方が共同親権を望み、他方が単独親権を望む場合です。この場合「選択的共同親権」であれば、結論は「単独親権」となってしまいますが、これでは「一方の親の身勝手によって、子が他方の親から引き離される」という状況を改善できておらず、国際人権法を遵守したことになりません。

民法上の「親権」を基礎づけている「養育権」は「基本的人権」なのですから、当事者の意思に反して一方の親を子どもから引き離すことが許されるのは、裁判所が虐待などの事実認定を行った上で、親権喪失または親権停止を決定した場合のみです。それ以外の、「一方の親が共同親権に反対している」などというだけの身勝手な理由で、他方の親権を剝奪するなどというのは、国際的に見ても許されない暴挙であり、諸外国からの非難に対して応えたことになりません。

両者が合意できない場合は、合意に導くための国家権力として「司法」が存在するのですから、「司法」が両者に対して、両者で合意できる養育計画の策定に向けて誘導し、最終的には決定を下さなければなりません。これを行わないのであれば、それは「司法」の役割放棄に他ならず、国家が暴力を独占する正統性は存在しないことになります。

また、前にも述べた通り、現行法において婚姻中は「原則的共同親権」であるにもかかわらず、それ以外については「原則的共同親権」が認められないというのは全く合理性がなく、社会的に許されない差別です。「選択的共同親権」では、この状況が解消されたことになりません。

なお、斉藤（2019）は、

「欧米で共同親権制を導入しているといってもそれは、選択的共同親権制である点を看過してはならない」

と述べていますが、これは明らかに事実誤認です。法務省民事局（2020）が、G20を含む海外24ヶ国を調査した結果、大半の国が「原則的共同親権」であることが明らかになっています。

「子どものため」という視点

ここまでの議論に対して、「筆者の主張は理解したが、どうも抽象的な理想論に感じてしまう。本当に「子どものため」という視点が入っていると言えるのか」といった反応に会うこともあります。

しかし現実には、抽象的な「子ども」というものは存在しません。実際にいるのは、個々の事件における個々の子どものみです。究極的には、「子どものため」という視点は、個別事件における運用で実現していくしかないのです。

これまで共同親権の利点について述べてきましたが、だからといって共同親権が、たちまち理想社会を実現する「魔法の杖」では全くありません。そもそも共同親権は「必要条件」に過ぎないのであって、「十分条件」ではないのです。

そのことを忘れて「共同親権＝子どもの利益」とだけ言い切ってしまうのは、いささか単純化し過ぎでしょう。共同親権論に「子どもの視点」が抜け落ちているように感じられるとすれば、恐らく原因は、こうした理由により「子どものため」というのを強く前面に出しづらい点にあります。また、「原則的共同親権」であったとしても、親権喪失・親権停止を濫用すれば、実質的にはほとんど単独親権と変わらない運用だってできてしまいます。

木村草太氏らの本質的な誤りは、「子どものため」という当たり前の原理原則だけを振りかざして、「だから単独親権」という極めて短絡的な結論に飛びついている点にあります。「子どものため」というのは当然の大前提に過ぎず、そこだけから導かれる結論は、「共同親権であろうが単独親権であろうが、子どものために不断の努力で、運用を改善していくことが重要である」ということだけです。

「子どものため」などという、主観によってどうとでも捉えられる中身のない抽象論だけでは、究極的には「共同親権」「単独親権」という制度選択の根拠に成り得ません。どんな制度であってもメリット・デメリットがあるというのも、これまで述べてきた通りです。

重要なのは「共同親権」が、何が子どもにとって良いのか、対等の立場で話し合いを行うための基盤になるということです。「単独親権」では、話し合いの時点で子どもの身柄を確保している側が「一方的な強者」になってしまい、まともな話し合いはおよそ不可能です。

また、現行制度及びその運用の本質は、「家庭裁判所が効率的に事件処理を行うこと」が最優先されてしまっている点にあり、「子どものため」という視点は二の次になってしまっています。これについては、残念ながら本書で詳述する紙幅の余裕がありませんが、コリンP.A.ジョーンズ（２０１３）という名著があって付け加えることがないほどですので、ご参照頂ければと思います。

以上のような文脈から、弁護士の古賀礼子氏が、

「共同親権を選択できた場合であっても、（中略）普段の養育監護に関与できるとは限らない。その意味で、共同養育支援が別途必要であることは明らかである。この支援を公的に実現する基本的宣言が共同親権制度であると理解している」

と述べているのは（古賀（２０２０））、実に的確な指摘です。

それに対し、木村（２０１９）は「法律では人間の心を変えられない」ことを共同親権に反対する理由として挙げていますが、立命館アジア太平洋大学学長である出口治明氏の言葉を借りると（出口（２０２０-ｂ））、「クロード・レヴィ＝ストロースを知らない不勉強な人」ということになります。以下は、同書からの引用です。

「男女差別をなくす（中略）クオータ制の導入には反対する学者もいます。その主張は「若い女性にアンケートをとってみると、管理職にはなりたくない、専業主婦になりたいという人がたくさんいる。だからクオータ制は現実離れしている」といったものです」

「しかし、そうした学者はクロード・レヴィ＝ストロースを知らない不勉強な人です。レヴィ＝ストロースが人間の意識は社会構造がつくると指摘しているように、育児も家事も介護も全部女性に押し付けられ、男はそれが当然だと思っている社会に育った女性が、「管理職になっても辛い思いをするだけ」、「専業主婦のほうが楽でいい」と考えるのはごく当たり前のことです」

「社会構造が意識をつくるのですから、先に男女差別をなくさない限り、少子化問題の解決も社会の進歩もありません」

なお、筆者は出口氏と直接対談して、同氏が共同親権問題を、前述と基本的に同様の「男女差別問題」と捉えていることを確認しています（こう言うと、夫婦別姓訴訟のアナロジーで、「単独親権は男女差別ではない」というくだらない法律論が、反論として山のように返ってきそうですが）。

木村氏は結局、いつも皮相的な法解釈論を述べているだけで、「法規定が持つ「デフォルト」

としての作用が、現実社会にどのような影響を与えるか」という視点が常に抜け落ちています。同氏がいつもトンチンカンな議論を展開している根本的な原因は、ここにあると言えるでしょう。同氏は恐らく、行動経済学の「ナッジ理論」（きっかけを与えることで人の行動を科学的に変えていくという理論。デフォルト設定の影響力は極めて大きいとされる）も知らないのでしょう。

また、このような批判は、男性の育児参加が低調であるという実証データをあげつらって、「男には共同親権を要求する準備がまだない」などという低次元な男女差別を公言する、上野千鶴子氏（上野（２０２０））に対しても全く同様に当てはまります。但し、上野氏は最近、出口氏と優れた共著を出版しているので（出口・上野（２０２０））、敬意を表して、これ以上出口氏の言葉を引用して批判するのは止めておきましょう。

第3章　共同親権の歴史と海外からの非難の大合唱

本章では、世界各国で単独親権から共同親権に転換していった歴史と、日本の単独親権に対する海外からの非難の大合唱について概観していきます。

我が国において、戦前は家父長制による父親の単独親権でしたが、戦後GHQの指導により、共同親権が導入されました。この際「婚姻中のみ共同親権」とされ、離婚後を含む婚姻外については、単独親権という「家制度の残滓」が温存されることとなりました。

このときの共同親権の導入過程について、弁護士の角田由紀子氏は非常に興味深い点を指摘しています（角田（2013））。

「婚姻中は父母の共同親権となったため、二人の意見が食い違ったとき、その解決方法をあらかじめ決めておくべきではないかという、GHQの要請があった。これに対して日本側の起草委員は、両親の意見が一致しない場合は、親権が行使できない結果になるが、「それで日本社会では不都合は生じません」と答えたという」

「（中略）民法学者の我妻栄氏は、（中略）家裁に解決を求めるという規定を示唆しているが、同時に「実際問題として、父の意見を抑えるために、母が敢然として家庭裁判所に申請することを期待しうるかどうか、それは問題ですが」と述べたという。（中略）ここに見られるのは、強者である父親の意向ですべてが決まっていくだろうという予測であり、それでよしとする判断である」

ここで重要なポイントが2点あります。1つは、「子について何も決められなくなってしまうという、いわゆる「デッドロック」に対応するためには、婚姻中であるか否かにかかわらず、調停制度などを整備するしかないのであって、そうすべき問題である」というのは、筆者のオリジナルでも何でもなく、立法当初からその必要性が、当然に指摘されていたということです。そのような法整備を70年以上怠ってきた国の不作為が、違憲であることは言うまでもありません。

2点目は、「婚姻中のデッドロックに対応するには離婚すべき」などというのは、現行法を表面的に取り繕うため、後に民法学者が考案した虚構に過ぎないというのは明白であるということです。戦後しばらくの、家父長制の影響が色濃い頃であるならばともかく、今となっては恐らく、本当は誰も本気で信じていないものと思われます。第2章でも述べましたが、木村草太氏だけは、この捏造物を本気で信じているようです（木村（2020））。

さて、以上のような経緯があるものの、そうは言っても当時は、日本が特に遅れていたというわけではありません。当時は海外でも、離婚後は単独親権が主流でした。しかし、その後の社会変化を受けて、諸外国は続々と共同親権に転換することとなりました。現在、婚姻外共同親権を認めていないのはごく少数派であり、法務省がG20を含む24ヵ国について調査したところ、日本以外で単独親権を強制的に採用しているのは、インド・トルコのみとなっています（法務省民事局（2020））。

今となっては「単独親権」は完全に過去の遺物であり、社会全体で父母双方による子育てを推進する中、いざやむを得ない事情で離婚となったときに、全ての子どもについて機械的に一方の親の親権を剝奪するなどというのは、社会的に決して許されることではありません。

諸外国による非難

本書で扱っている単独親権問題、及びハーグ条約（国境を越えた子どもの不法な連れ去り等に対応するための国際条約）に関する日本の遵守状況について、諸外国の目は非常に厳しいものがあります。端的に言って、これについて一般的にほとんど知らず、知っていたとしても何となく甘く考えているのは日本人だけです。

海外では既に、「日本は子どもの連れ去り大国である」という評価が定着しており（コリンＰ．Ａ．ジョーンズ（２０１３））、我が国の海外人材獲得に対しても影響を及ぼしているものと見られます。

- 米国務省は、２０１８年の「国際的な子どもの拉致」年次報告書で、日本をハーグ条約の不遵守国と認定しました
- ２０１９年２月、国連子ども権利委員会は日本に対し、離婚後共同親権の立法を勧告しました
- ２０１９年６月、Ｇ20で来日したフランスのマクロン大統領、ドイツのメルケル首相、イタリアのコンテ首相は、安倍総理に対して直接、子の連れ去り問題について懸念を表明しました
- ２０２０年１月、オーストラリア政府は日本の離婚後単独親権に懸念を表明しました
- ２０２０年１月、日ＥＵ戦略的パートナーシップ協定第２回合同委員会会議において、ＥＵは日本に対し、児童の権利に関する条約やハーグ条約等を遵守するため、国内法の枠組と執行を改善するよう要求しました

・2020年2月、フランス上院は日仏当局に対し、親から引き離された子どもの権利を保証するよう求める決議を満場一致で採択しました

・2020年7月、EU議会本会議は「日本における国際間および国内の実子誘拐に関する決議」を、賛成686・反対1・棄権8の圧倒的多数で可決しました

最後の決議はかなり包括的な内容となっていますので、確認してみましょう。

・日本において、一方の親がEU市民である場合の、未解決の実子誘拐事件が相当数に上っている

・日本が、子どもの誘拐について国際法規を遵守していないことに遺憾の意を表明する

・日本法に（婚姻外の）共同監護の可能性を導入することを要求する

・現状、連れ去り被害親による子どもへの訪問権は非常に限定的、もしくは存在しない

・EU加盟国に対し、日本における子どもの誘拐リスクについて情報提供するよう勧告

・EU加盟国が日本と会合を持つ場合、本件に関することを必ず議題に含めるよう勧告

初めて読む方は驚かれるかもしれませんが、EU議会は日本における実子誘拐の存在を明確に事実認定し、厳しく非難した上で、法改正による共同監護の導入を要求しています。

以上のような、諸外国からの非難の嵐に対し、単独親権論者はどのように反論するのか、3つほど見ていきましょう。まず、斉藤（2019）です。

「こと身分法においては、諸外国と法制度の平仄をそろえる必要はない。（中略）身分法はそれぞれの地域によって、文化・宗教・慣習が大きく異なるところであり、その統一の必要性に乏しいうえに、統一は困難と言われているのである」

「国によって文化・宗教・慣習が異なる」というのは、斉藤氏に言われるまでもなく当然のことです。重要なのは、

- 海外では、なぜ共同親権が望ましいと考えられているのか
- なぜそれは、日本では当てはまらないのか。あるいは、適用不可能なのか。日本と海外では、何が違うのか

といった点であり、これら2点に触れないのであれば、「パソコンによる情報伝達は、我が国の文化・慣習と異なる。従って、我が国では墨・筆・紙を用いるべきである」というのと、主張のレベルとして何も変わりません。では、斉藤氏はどのように述べているのでしょうか。

「東京とストックホルム（スウェーデン）、パリの家庭で一週間に家族全員で夕食をとった回数を調査したところ、東京は6・6％がゼロ回（中略）であるのに対し、週7回という家庭は16・8％に過ぎない。これに対し、ストックホルムではゼロ回という家庭は統計数値としては全くなく、代わりに週7回という家庭が35・3％に上る。この傾向はパリになるとさらに顕著で、なんと46・2％が週7回家族全員がそろって夕食をとるというのである」

これを読んで、家族全員で夕食をとる頻度が低いと、なぜ一律に単独親権を強制すべきなのか、理解できた読者はいるでしょうか。さらに疑問なのが、斉藤氏はこの点について、日本と欧州のどちらが望ましい状況にあると考えているかということです。

弁護士は法解釈の専門家なので、そのような点について意見表明する義務はないとお考えなのでしょうか。そうであれば、最初からそのように宣言すべきです。その上で、そのような前提で「社会のあるべき姿」について語っていることをどう評価すべきか、読者が判断すれば良いことです。

「アメリカ合衆国上下両院で「親権や面会交流を決めるには子どもの安全を最重視する決議」が可決され、ほぼ時を同じくしてカリフォルニア州が「子どもは安全に暮らし、虐待から解放される権利がある」旨州法に明記したとの報道があった。共同親権大国とも言えるアメリカでも、DVから子どもを守る動きが活発化し始めた」

繰り返しになりますが、「共同親権は、どのような運用であっても欠点が全くない、素晴らしい制度である」などということは誰も主張していません。上記の動きは、「共同親権に限らず、あらゆる制度は欠点を内包している」ことを認めた上で、共同親権の制度運用をより良いものにしていこうという、極めて知的に誠実な取り組みであると理解すべきです。このことが、なぜ単独親権を正当化する根拠になるのでしょうか。

次に、弁護士の鈴木隆文氏による主張です（鈴木（2020））。

「2019年1月に国連子どもの権利委員会での審議が実施され、（中略）同年2月に数多くの勧告事実を含む「総括所見」が公表された。（中略）27段落に、家庭環境に関する勧告として、下記の記載が含まれている。

27.委員会は、締約国が、以下の目的で、充分な人的資源、技術的資源及び財源に裏付けられたあらゆる必要な措置をとるよう勧告する。

- 家族への支援について（略）
- 子どもの最善の利益に合致する場合には（外国籍の親も含めて）子どもの共同監護を許容す

るよう、離婚後の親子関係について定めた法律を見直すこと、並びに、子どもが非同居親との人的関係及び直接の接触を維持する子どもの権利が定期的に行使できることを確保すること」

「（中略）法的枠組みの見直しを求め（中略）ているが、そもそも、その前提としてインフラの整備を求めている。かかるインフラや環境が整わない中、子どもへの接触の法的枠組みだけを先行して強化することは、結局、子どもたちや監護親の負担や犠牲を増やすことになり、拙速との批判を免れないだろう」

鈴木氏は、自らの意見と同委員会の意見を区別することができないだけではないか、としか思えないような内容です。「インフラや環境が整わない中、法的枠組みだけを先行して強化することは、拙速との批判を免れないだろう」というのは同氏の意見であって、それ自体はそれほど不合理なものではありません。

しかし、「必要なインフラや環境を整えず、法整備を行わない」ことを同委員会が許容している、などという事実はどこにも存在しません。同委員会が要求しているのは、あくまで「あらゆる必要な措置を取った上で、法改正を行う」ということだけです。また、「あらゆる必要な措置を取った上で」という文言は、同委員会がこの問題を、深刻な人権問題として捉えていることを強く示唆しています。

もう少し、鈴木（2020）を見てみましょう。

「岩志和一郎教授は、条約批准が直ちに離婚後の共同親権や共同監護を導入する義務と結びつくものではなく、現在の日本の法律状態（中略）と条約の間には、決定的な齟齬がないと説くことは傾聴に値する」

ここで言及されている岩志（2019）は、この箇所に続けて、以下のように述べています。

「しかし、そのことは、離婚後に共同親権や共同監護が認められる必要がない、ということを意味するわけではない。（中略）父母の一方の責任を、単なる養育費支払いの責任に縮小してしまうことは、父母から養育を受ける児童の権利（中略）を否定することにつながる。条約の要請に応えるには、父母の一方に扶養責任や面会交流を認めるだけでは不十分であり、少なくとも父母の双方が何らの形で、監護に係わりを持つ形態がとられる必要がある」

これを読むと、鈴木氏は自らの主張に合わせて、岩志（2019）のうち都合の良い部分だけを切り取っているに過ぎないことは明白です。

最後に、大阪経済法科大学教授の小川富之氏の主張を見てみましょう（小川（２０２０））。

上述の「総括所見」について、以下のように述べています。

「日本の現行法では、民法７６６条で子の最善の利益を考慮して、離婚後の子の監護については父母が協議して定めると規定されていることから、法律的には父母の監護分担は否定されていないので、取り組むべきは、環境整備と協議で定めるうえでの支援体制と捉えるべき問題である」

総括所見が「法律を見直すことを勧告する」と明確に述べているにもかかわらず、小川氏は「求められているのは（法改正ではなく）環境整備と支援体制」と勝手に解釈を変更しています。他人の意見と自分の意見の区別がつかないのではないか、としか思えないような主張です。そもそも、英語には「Legal Custody（法的監護。狭義の親権に近い）」「Physical Custody（身上監護）」という言葉が存在するのであって、小川氏が「ここでのCustodyは後者のみを指す」と断定している根拠は極めて薄弱です。

さらに、大多数の法律家は、「（狭義の）親権者と監護権者を別にするのは、原則的に子どもの福祉に反する」と主張しており、裁判所もこの判断を事実上採用していることから、監護権の共同化は、事実上ほぼ不可能に近くなっています（岩志（２０１９）など参照）。それにもかかわらず、ここに来て突然、「（狭義の）親権は単独」「監護権は共同」を前提にするというのは、ご都合主義も良いところです。それが「子どもの福祉」に資するのであれば、今までの説明は何だったのか、明らかにする義務があります。

また、「（狭義の）親権獲得を目的とした子の連れ去り」「相手による養育を排除した方が、（狭義の）親権獲得という目的に適うという実態」「学校の公開行事等における非親権者の出席拒否、あるいは児童相談所による情報提供拒否といった様々な差別」「（狭義の）親権が単独であることに起因する親権の濫用」「単独親権者による勝手な子どもの養子縁組」といったものは、結局なくならないでしょう。

国民が裁判所に対して直接的に「法解釈」を変更させるのは不可能ですから、運用も含めて問題を解決するためには、婚姻外も「共同親権・共同監護が原則」であることが、誤読の余地がないように法改正する以外、方法は存在しません。「法文が禁止さえしていなければそれで良い」というのは誤りです。

補足ですが、結論の方向性だけは筆者に近いはずのはすみ（２０２０）も、「単独親権は維持した上で監護権を共同化し、子どもの連れ去りを明示的に禁止すれば良い」という趣旨の主張をしています。しかし我が国では、別居親が養育費を負担した上で、ＦＰＩＣの監視下で月１回２時間の面会交流を行うだけで「別居親の監護権は侵害されていない」と解釈される余地が十分あるのです。「面会交流」を「別居親による子どもの監護」に名称変更すれば、その可能性はさらに高まります。

政府はとにかく現行制度の変更を極小化したいと考えていますので、恐らく積極的にその立場に立つでしょう。そうすると、別居親が置かれる立場はほとんど何も変わらないということにしかなりません。「この問題の本質は「差別」であり、法制度の平等化は十分条件ではないが必要条件である」ということに、早く気づいて頂きたいものです。

第４章　生物学・心理学的エビデンス

これまで見て来た通り、世界の大半の国が婚姻外も共同親権であるのは、膨大な生物学・心理学的研究を積み重ねており、その結果「離婚後においても、両親による養育が子どもにとって望ましい」という結論に至っているからです。単独親権論者は、共同親権が「科学を無視した暴論」であるかのように主張しますが、もちろんそのような事実は存在しません。

「諸外国がおしなべて非科学的な制度を採用しており、日本だけが先進的」などというのは、身のほど知らずもいいところの傲慢さであって、少しでも常識をわきまえていれば、そのようなことがあり得ないというのは直ぐに分かることです。

オキシトシン

この問題について生物学的観点から考察する場合、一番重要なのは「オキシトシン」というホルモンの存在です。オキシトシンはヒトに対して、相手を絶対的に信じ、愛情を注がせる働きを持っています（池谷（2017））。
母親は、出産時に自然とオキシトシンのシャワーを浴びることとなり、また、授乳時にも分泌されます。これに対して父親は、子育てに積極的に参加すると、同様にオキシトシンの濃度が上昇し、最終的には母親と同じレベルに届くことが分かっています。つまり、分泌に至るメカニズムに違いはあるものの、父親と母親のオキシトシン濃度は基本的にほぼ同等であるということです。

多少の例外はあれど、人類の歴史上、古今東西を問わず、子育ての中心を担ってきたのは基本的に両親です。それは、「子どものことは基本的に両親に任せるのが一番良い」ということを、経験上皆知っているからです。もちろん、オキシトシンのメカニズムが科学的に分かってきたのは最近のことです。しかし、そのような科学的知見がなくても、何が一番良いかは人類が皆、経験上理解していたのです。

但し、オキシトシンは良いことばかりではなく、副作用もあります。仲の良い人とはより強い信頼関係を結ぶようになりますが、そうでない人に対してはより疎遠になり、しばしば攻撃的になります。自分の子が一番大切で、それ以外の危険性のありそうなものを全て「敵」と見なし排除しようとします。

これが反社会的な行動に結びつくことがあり、結果として子どものためにもならないことがあります。このため、親は二人で相互に協力（場合によっては牽制）し合いながら、子に関わっていくのが望ましい状態です。

だからといって、「ひとり親の子どもは不幸である」などという決め付けをしているわけではありません。しかし、親というのは子にとってかけがえのない貴重なものなのであって、短絡的な発想で、「夫婦の離別」を機械的に「親子の離別」に直結させるなどというのは、決してやってはならないことなのです。

虐待率によるエビデンス

産みの親の重要性に関する虐待率の分析については、作家の橘玲氏による解説が一番分かりやすいでしょう（橘（２０１６））。以下のような事実を挙げて、実親の重要性を指摘しています。

- 英国では、継親に育てられている幼児が全体の約１％に対し、乳児殺害の約53％は継親による
- 米国でも、継親の虐待の結果として子どもが死ぬ可能性は、実親に比べて約１００倍

・また、実親に比べ、継親による2才未満の子どもの虐待率は約6倍

また、

・両親共に子どもと血縁関係がある場合は、子どもの年齢にかかわらず虐待数はほぼ一定であるのに対し、両親の一方が血縁関係にない場合は、児童虐待の総数が多いのみならず、子どもが幼いほど虐待の被害に遭っている

という事実を指摘し、「「実子重視は遺伝子継承目的である一方、乳児は累積で養育コストが投じられていない分、無意識で利害得失を計算して、諦める可能性が高まる」という、進化心理学の仮説と整合的である」という趣旨の解説を加えています。

以上は分かりやすい解説例として紹介しましたが、専門家による同趣旨の解説としては、長谷川寿一・長谷川眞理子（2000）やスティーブン・ピンカー（2004）などが挙げられます。

その他の研究

以上の他にも、「離婚後も両親が養育する重要性」「父親による養育の重要性」に関する研究

は多数存在しますが、ここでは比較的新しく、入手しやすい文献を4点だけ挙げておきます（後2者は、インターネット検索により簡単に確認できます）。

- 小田切紀子・町田隆司編著（２０２０）『離婚と面会交流』（金剛出版）
- ポール・レイバーン（２０１９）『父親の科学』（白揚社）
- Linda Nielsen（2018）“Joint versus sole physical custody: Outcomes for children independent of family income or parental conflict in 60 Studies”（Journal of Divorce & Remarriage）
- R. A. Warshak（2018）“Stemming the Tide of Misinformation: International Consensus on Shared Parenting and Overnighting”（Journal of the American Academy of Matrimonial Lawyers）

単独親権論者の反論

以上に対して、単独親権論者はどのような反論をしているのでしょうか。弁護士の長谷川京子氏は、「離婚後も、双方の親が面会や監護を通じて子どもに関わることが、子どもの健康な発達に必要である」という見解に科学的根拠はない、とした上で、以下の3点を主張しています（長谷川（２０１９））。

① 養子家庭に関する研究から、「養親より実親による養育の方が子どもの発達に良い」という仮説は科学的に否定されている

② 「男性と女性、両性の親が必要か」という論点に関連して、両性の親で育てられた子どもと、ひとり親に育てられた子どももしくは同性カップルの親に育てられた子どもを比較した諸研究を通して、子どもの行動的適応・知的機能等に、家族構造の影響はないことが明らかにされている

③ 親同士の争いが頻繁になるほど、多くの子どもに心理的困難を引き起こすほか、子どもの養育がおろそかになり、親子関係の質が低下し、子どもの不適応を引き起こす

それでは、これらの主張について順番に見ていきましょう。

養親vs実親

まず①についてです。①の問題点は、「この主張が、共同親権論争に与える影響が不明である」ということです。もっと言ってしまえば、ほぼ無関係であると言って良いでしょう。根拠として挙げられている、２本の論文について確認してみましょう。

まず１つ目の論文は、「養子」と「実親に育てられた子ども」を比較した上で、「基本的に両者の養育結果に有意な差はない」としています。従って、婚姻中は共同親権であるにもかかわらず、全ての離婚夫婦に対して一律機械的に単独親権を強制する根拠になりません。

２つ目はスウェーデンにおける研究ですが、調査対象の実親や里親は概ね経済的に貧しい一方で、養親の経済的地位はかなり高いものとなっています。従って、この研究から「養子は決して悪いものではない」程度のことは分かりますが、「実親 vs 養親」については、経済的水準が違い過ぎることから、この調査ではそもそも比較不可能です。

長谷川氏は、科学的研究について「結果についての唯一の説明を除いて、他のあらゆる可能性を排除できるように計画」されていなければならないと述べていますが（長谷川（２０１８））、この基準は、自らの主張だけには適用されないようです。

ここで同氏の主張を一旦離れて、一般論としての「養子縁組」について述べておきます。一般的に「養子」となる前には、正式に養子入りする前に試行期間が設けられます。これは海外でもそうですし、我が国の「特別養子縁組」においても、最低6ヶ月間が必要となります。

この「試行期間」中に「やっぱり相性が良くない」という判断になれば、養子縁組はキャンセルされます。それだけ慎重な手続きを経ており、しかも2つ目の研究にある通り、養親は裕福なことが多いですから、一般論として「養子縁組」はそれほど悪いものでないというのは、ある意味当然の話なのです。

これに対し、実の親子関係は、いくら相性が悪かったとしてもそれだけで簡単にキャンセルできるものではありません。つまり「実親」と「養親」は、そもそも科学的に比較不可能であって、「どちらが優れているか」などというのは意味のない問いです。もちろん、共同親権論争に対する貢献もほぼゼロであり、こうした論点を持ち出すこと自体が不当なものです。

ここで若干本題を逸れますが、駒崎弘樹氏が代表を務める「認定NPO法人フローレンス」は、「特別養子縁組」を事業として展開しています。繰り返しになりますが、一般論として「養子縁組」は、特に悪いものではありません。

しかし、一方で「男性の育児参加の重要性」を主張しながら（出口・駒崎（2016））、裏で「単独親権論」を繰り返し社会に吹聴し、あえてわざわざひとり親の子（潜在的な特別養子縁組の候補者）を増やそうとしているのは、「自分の事業目的のダブルスタンダード」ではないのか、同氏は説明責任を果たすことが求められるところです。

さらに、我が国の「特別養子縁組」において、養親は「（法律上の）夫婦でなければならない」とされていますが、その立法趣旨は何なのでしょうか。常識的に考えて、「一般的に親は一人より二人が望ましい」からではないのでしょうか。もし違うのであれば、駒崎氏を含む単独親権論者は、この点について説明する責任があります。

一人親 vs 二人親

次に、②について見ていきましょう。ここでは「男性と女性、両性の親が必要か」という問いを立てていますが、この問いの立て方自体がそもそも誤りです。「単独親権」と「共同親権」の本質的な違いは、親が一人か二人かということであり、ここで問われるべきは、「ひとり親が二人親より優れていると言える根拠はあるか」ということです。

一見すると共同親権論者が、「男性と女性、両性の親が必要」と主張していることがあるように見えるのは、単に現行法が異性婚を前提としているので、「ひとり親と二人親のどちらが優れているのか」について議論しようとすると、とりあえず異性婚を前提としておかないと、変数が多くなり過ぎて混乱するからに過ぎません。少なくとも筆者は、同性婚を法律婚として認めるべきであるという立場です。

また、単独親権論者の代表格である木村草太氏も、「憲法第24条自体は、同性カップルの結婚を否定するものではない」（2018/12/1 ハフィントン・ポスト・ジャパン記事）と述べていることから、同性婚について「共同親権論者 vs 単独親権論者」という構図の意見対立は存在しない、ととりあえずは考えることができます。

以上について理解した上で、長谷川氏が根拠として挙げている、5本の論文について内容を確認してみましょう。

まず1つ目の調査は、「母子のひとり親家庭」と「両親そろった家庭」を比較しています。しかしこれは海外の調査ですので、「ひとり親家庭」と言いながら、共同親権もしくはそれに近い形で、別居親が養育に関与している可能性があります。少なくとも、そのような可能性を排除したという事実は確認できません。

また、調査項目は性概念に関連する非常に限定的なものとなっており、これだけではどちらが優れているのか、全般的な判断を下すには明らかに無理があります。しかも、その中で「ひとり親家庭の方が優れている」と判定されたのは1項目のみです。

2つ目の研究は、父親のいる子どもと父親不在の子どもを比較した67本の論文についてまとめたものですが、結論としては、「性役割の発達に関して、両者の差異は小さい」となっております。従って、「性役割」という非常に限られた点についての調査であることに加えて、結論が「差異は小さい」となっていることから、「単独親権」が「共同親権」より優れている根拠になりません。

3つ目の調査は「ひとり親家庭」と『両親のそろった家庭」の比較を行っていますが、1つ目の調査と同様の欠点をもっています。すなわち、海外の調査においては「ひとり親家庭」と言いながら、実際には共同親権もしくはそれに近い形で、別居親が養育に関与している可能性があるところ、そのような可能性を排除したという事実は確認できません。また、結論は「両者に差はなかった」となっていますので、「単独親権」が「共同親権」より優れている根拠になりません。

4つ目の研究は、「レズビアンのカップルの子ども」と「両性の親の家族で育った子ども」を比較していますが、これは両者とも「二人親」に該当します。また、5つ目の研究も「レズビアンの母親の子ども」と「そうでない母親の子ども」を比較しており、「ひとり親」と「二人親」の比較になっていません。従ってこれらは、「単独親権」と「共同親権」の比較において何の参考にもなりません。

父母の争い

次に、③についてです。ここでは、長谷川氏は特に間違ったことは言っていません。問題は、この主張が共同親権の是非と全く無関係である、ということです。長谷川氏は、「婚姻外共同親権」とはどのような制度であると理解（というより誤解）しているのか、ここからは読み取れません。

婚姻外共同親権においては離婚時に、子どもの養育計画策定と裁判所による承認が求められます。このプロセスは、基本的に家庭裁判所で行われることが想定されます。承認されれば、両親は計画に従って養育を分担し、基本的にそれぞれが別個に子どもと関わっていくことになります。

以上について、「子どもが両親の争いにさらされ続ける」というのは、一体どの点を指しているのでしょうか。調査官が子どもへのヒアリングを行うことはあるでしょうが、子どもが家庭裁判所において、両親の怒鳴り合いを見させられる、などということにはなりません。その後も定期的に、養育計画の変更が必要となることはあるでしょうが、プロセスの大枠は同じです。

仮にこのレベルであっても、多少なりとも争いに接するマイナス面を重視しなければならないのであれば、婚姻中についても単独親権とする以外に解決策は存在しません。むしろ婚姻中の方が、中立のレフェリーが存在しない分だけひどいことになっているケースは、いくらでも存在します。

第5章　養育費と子どもの貧困問題

法務大臣勉強会の検討結果

２０２０年5月29日、「法務大臣養育費勉強会」による検討結果の取りまとめが、森まさ子法務大臣に提出されました。重要なポイントは、以下の通りです。

- 強制徴収制度の創設をはじめとする、公的な取立支援
- 悪質な不払者に対する制裁
- 公的な立替払制度の創設
- 養育費と面会交流は法的に別問題であり、養育費の支払を求める代替として、面会交流を強制される関係にないことの確認が必要

最初にお断りしておきますが、筆者はこれらの指摘が全く誤りであると言うつもりはありま

せん。養育費の支払が子どものためになるのであれば、悪質な不払いへの対策は必要でしょう。また、「養育費と面会交流は別問題」というのも、現行法を前提とすれば必ずしも誤りとは言えません。

最大の問題は、当事者の一方の代表からの意見聴取しか行われておらず、しかもその中心人物が赤石千衣子（認定ＮＰＯ法人しんぐるまざあず・ふぉーらむ理事長）・駒崎弘樹の両氏という、代表的な共同親権に対する抵抗勢力であるということです。

さらに、この取りまとめ結果は、同年1月27日に両氏が森法務大臣に提出した要望書の内容に則したものとなっていますが、そこにおいては「『養育費取り立て確保』の法制化が目的であり、「共同親権制度など親権の在り方とはリンクさせない」」とわざわざクギが刺されています。つまり、「養育費取り立ての法制化は急ぐが、共同親権に関する議論は先延ばし」という方針の既定路線化を図っているということですが、こうした事実が報道されることはほとんどありません。

ここで問題となるのが、

・このような検討の進め方で、養育費以外の問題を含めた総合的な政策が、全体として子ども

の福祉に資するものになっていくだろうか

- 制度設計の詳細が、親権者・非親権者双方にとって公平なものになっていくだろうか
- 社会の分断を煽ることなく、健全な社会合意形成を行っていくことが可能なのだろうか

といった点です。このようなグランドデザインについて何も考えずに、ただ養育費の強制徴収に関する議論のみを先行させて「これが子どものためなのだ」と言い張ってみたところで、本質的な問題が解決されることにはなりません。

養育費制度の問題点

養育費の強制徴収について議論する前に、養育費というのは多くの重大な欠陥を抱えた制度であることを、まずは広く知って頂きたいと思います。ここでは、主要な点について述べていきます。

我が国における養育費制度の最大の問題点は、「子どものために使われる」という制度的保証がどこにもないということです。「養育費」というのは名ばかりであって、実態としては「非親権者から親権者への単なる金銭移動」に過ぎません。この問題は非常に根深いもので、単独親権を前提とする限り、いくら制度改善を行ったところで、恐らく解決不可能であると思われ

ます。

仮に「養育費の使途について報告義務を課す」ということにすれば、現状よりは多少マシになるかもしれません。しかし、例えば使途として、食費のレシートを示されたとしても、本当に子どもの食費であるのか、あるいは児童虐待を行っていて、レシートは全て親の食費ではないのか、結局は判別しようがないことになります。

次に大きな問題は、「生活保護受給者が養育費を受領すると、その分生活保護を減額される」ということです。つまり養育費というのは、本当に困っている最貧困層にとって、実は何の役にも立たない制度です。我が国には、国の社会保障予算をとにかく削減したい勢力が一定程度存在しますが、彼らにとってこれはまさに、「不都合な真実」そのものです。

彼らにとっては、非親権者を悪者に仕立て上げ、社会の注目を「生活保護」等の公助から逸らして「養育費」に向けさせることに、大きなメリットがあります。そんな彼らと、一部のＮＰＯ関係者等が目に見えない形で結託することで、「子どもの貧困対策」イコール「養育費取り立て」のような、全く的外れで筋の悪い世論操作が盛んになっているものと考えられます。

補足ですが、社会政策学者の阿部彩氏は、「貧困層の子どもの世帯構成のうち、「ひとり親」

は約21％に過ぎない」という事実を指摘した上で、

「マスコミによる「貧困者」のステレオタイプ化もひどい。（母子世帯のような）「わかりやすい」貧困者でないと、取り上げないいんですよ」

とはっきり述べています（阿部・鈴木（2018））。こうした指摘を無視して、「シングルマザー」「養育費」ばかりが取り上げられる風潮は明らかに異常であり、前述のような世論操作は功を奏し過ぎています。

最近でも、新型コロナウイルス対策の「臨時特別給付金」が、「児童扶養手当を受給する貧困世帯」対象ではなく、なぜか「児童扶養手当を受給するひとり親世帯」を対象に支給されています（しかも、2度も！）。「ひとり親世帯」が「二人親世帯等」よりさらに困難に直面しているという政策判断だとしても、「子どもを持つ貧困世帯」全般を対象にして、加算金を積み増せば良いだけの話です。しかも世の中には、例えば夫が病気で働けない、あるいは親の介護を抱えているといった事情で、物理的・金銭的負担が一般的なシングルマザー以上に妻にかかってしまっているような家庭も数多く存在します。なぜ「ひとり親世帯」だけには2度も支給金を支給して、それ以外は最初から除外対象なのでしょうか。

（※その後、本書の校了直前になって政府は、3回目の支給はひとり親世帯に限定しない方針を発表しました。しかしそのことが、最初の2回においてひとり親以外の貧困世帯の子どもをあっさり見捨てたという重い事実に対して、免罪符になるわけではありません）

それだけ特定の利益団体の影響力が強く、政府としても「2割」の「貧困ひとり親世帯」に対してのみ給付すれば、残りの「8割」を無視しても「何となく頑張った感」を醸し出せるため、都合が良いのでしょう。このような、「二人親世帯等」に対する意味不明な差別政策は無数に存在するので、抗議の声を上げていかなければなりません。

3点目は、養育費の算定方法が、「それぞれの親の年間名目所得と、物理的に養育する子どもの数のみに基づいて月額を決定する」という、極めて機械的でいい加減なものだということです。それ以外の、両者の個別事情が考慮されることはほぼありません。

例えば、親権者自身の名目所得が極めて低い一方、裕福な実家から多額な資金援助を受け、かつ実家暮らしで家賃・光熱費負担がゼロであったとしても、そのような事情は全て、考慮の対象外です。このように、本当は何も生活費に困っていないような場合でも、真の生活困窮者と全く同様に養育費を受け取ることができます。

こう言うと、「生活に困っていない人に養育費が払われるようなことがあっても、それが子どものためになるのであれば、別に構わないではないか。単に、養育費を払いたくないことの言い訳に過ぎないのでは」と思われたかもしれません。ここでは、これが実情をよくご存じない方が陥る典型的な勘違いであることを、是非ご理解頂きたいと思います。

これまで述べてきたようなことが、どのような問題を引き起こすのか、筆者の例に基づいて見てみましょう。前述の「名目所得が極めて低い一方、実家から多額の援助を受けている」というのは、実は筆者の前妻のことでもあります。このような実家に甘えているだけの人物に対して、筆者は多額の養育費支払を継続しています。

前妻の元にいる子どもにかかる費用は、実家が全て補填していますので、筆者がいくら払おうが払うまいが、子どもに対して使われる額に変化はありません。結果としてこの子は、習いごとを5つもするなど、非常に裕福な生活を送っています。

一方で、前妻の実家に対する家計サポートにしかなっていない「養育費」の存在によって、筆者の可処分所得は大幅に減少し、結果として、筆者が再婚した妻との間に授かった子どもに対して、支出できる金額は大幅に減少しています。この子はまさに、いい加減極まりない「養育費制度」の犠牲者です。

以上はあくまで一例ですが、「養育費は、大きければ大きいほど子どものために良い」という、多くの人が何となく抱いている先入観が、大きな誤りであることがご理解頂けたでしょうか。日弁連は２０１６年に、養育費の支払水準を約１・５倍にする提言を行っていますが、このようないい加減極まりない制度の根幹を放置しておきながら、とんでもない話であるとしか言いようがありません。「子どものため」でありさえすれば、公平性を多少重視しなくても構わないというのは、全く間違った考え方なのです。

ここで、「なぜこのような問題が起こるのか」という本質を押さえておく必要があります。菅義偉首相が就任時に述べたように、社会福祉の大原則は「自助・共助・公助」です。諸外国のような「婚姻外共同親権」であれば、養育費は「共助」の一環として位置づけることができます。

まず前提として、共同親権に基づく「共同養育」を極力実践することが求められます。但し、現実的には養育の負担割合を50:50にするのは難しい場合が多いので、それを補完する「負担割合の調整弁」として「養育費」が存在します。そのため「養育費の強制徴収」は、「裁判所が承認した養育計画の履行確保」という重要な意義を持っています。

つまり、子どもの養育は「共助」の大原則の下、「物理的な共同養育」が主で、「養育費」が従なのです。この全体像を捉えずに、部分だけ切り取って「諸外国では養育費の強制徴収制度があるので、日本も倣うべきだ」などというのは、極めて短絡的な議論です。

それに対して、我が国のような単独親権を前提とすると、前述の通り養育費が子どものために使用されるという制度的保証がどこにもなく、制度改善を行ったとしても恐らく解決不可能です。このような「単なる金銭移動」が、子どもとの関係で「共助」に該当するとは、とても評価し難いというのが筆者の考えです。

つまり、養育費には「思想的基盤が何もない」ということにならざるを得ないのです。このようなものを、社会の中で適切に位置付けることは、そもそも不可能であると言うべきです。

米国の経済学者であるミルトン・フリードマンは、「誰かから取り上げて、別の誰かにあげる」ことを正義として語る人々を痛烈に批判しましたが、この批判はまさに、我が国の養育費制度に向けられるべきものです（但し、「養育費制度は全く必要ない」などという極論を述べる趣旨ではありません）。

筆者のような意見は、法律家からは評判が悪く、「単なる金銭負担であっても、共同養育である」という意見が優勢であるようです。しかし、百歩譲ったとしても、それは「共同養育と言い得る側面もある」という程度に過ぎないのではないでしょうか。一言で「共同養育」というだけで括るのは明らかに乱暴であって、諸外国とは実質的内容に雲泥の差があるのは明白です。

別の観点から言うと、「支払者に良し、受領者に良し、社会に良し」の「三方良し」には絶対にならないということこそが、問題の本質であるということです。人類の歴史を見ると、このような一方的な収奪制度が、長期にわたって持続可能であったことは一度もありません。それが、最も根本的な人間社会の原理です。非親権者を悪者に仕立て上げ、不払いの罰則を強化すれば何とかなるなどという考えは、浅知恵もいいところです。

あるべき子どもの貧困対策

ここまで我が国の養育費制度を批判してきましたが、それでは喫緊の課題である「子どもの貧困問題」についてどう対応していくべきなのか、ここでは筆者の考えを述べておきたいと思います。

まず一番重要なのが、養育費の問題を一旦離れて、そもそも子どもの貧困対策として、「現金支給」と「現物・サービス支給」では、どちらが優れているのかという点です。「養育費」

という文脈では既に述べましたが、そもそも前者には、「子どものために使われる保証がどこにもない」という重大な欠点があります。単に親権者に現金を渡すだけであって、それを何に使うかは親権者の自由です。

主要な経済学者の主張を見ても、ノーベル経済学賞受賞者であるヘックマンは、「単に貧困家庭に金を与えるだけでは、世代間の社会的流動性を促進できない」と述べています（ジェームズ・J・ヘックマン（2015））。また、中室牧子氏は、「貧困家庭の親への補助金が、子どもの学力を上昇させる効果を持つかどうかについては、コンセンサスが得られていない」としています（中室（2015））。さらに山口（2021）は、「貧困対策」ではなく「出生率向上」という文脈ではありますが、結論の方向性は基本的に同じです。

従って、子どもの貧困対策においては「現物・サービス支給」を重視して、例えば以下のような施策が必要となってきます。

- 給食等の実費負担を全て含め、保育園・幼稚園、小・中・高の全面無償化（就学援助制度の対象拡大）
- さらに希望者には、朝食・夕食も無償提供。乳児には紙オムツ・ミルク・ベビー服等も無償提供（バウチャー制度）

- 公営住宅、及び民間住宅賃料等の公的負担の拡充
- 児童医療の全面無償化
- 婚姻中か否かを問わず、両親が積極的に養育を実践（両親による、子どもへの現物・サービス支給）

補足すると、ここでは「子どもの貧困対策」という文脈で述べていますが、第７章で詳述する通り、我が国では全般的な少子化対策も喫緊の課題です。そのため、このような施策を貧困層に限定せず、全家庭を対象に行っていく方向で考える必要があります（いわゆる「サービスのユニバーサル化」）。また、観点はやや変わりますが、児童相談所の体制強化や、ＤＶ対策の公的化・刑法化も必要であると言えるでしょう。

なお、阿部彩氏は「現金給付と現物給付の両輪が必要」という趣旨のことを述べていますが（阿部（２０１４））、筆者も「現金給付が不必要」と主張しているわけでは全くなく、むしろ現行の生活保護水準は低過ぎると考えています。従って、同氏と筆者の間に決定的な見解の相違があるわけではなく、力点の差が現れているに過ぎないと考えられます。

よく事情をご存じない多くの方は、「養育費増額は子どものためになる」という漠然としたイメージをお持ちのようですが、そうした一般的常識は、実は大きな誤りです。我々は、「共

助・公助」を最大限拡大することにより、できる限り養育費が僅少である社会を目指すべきなのです。そして、我が国で最も不足しているのが「公助」であり、問題の核心はここにあります。

ここまで理解が進めば、「子どもの貧困対策の鍵は養育費」（出口・駒崎（２０１６））などという、駒崎弘樹氏らによるプロパガンダに騙されることもなくなります。このような主張は、「非親権者」を悪者に仕立て上げることで、権力者の走狗として「公助」の怠慢を糊塗しているに過ぎません。

第６章　婚姻費用　～もう一つの諸悪の根源～

「婚姻費用」の恐ろしい実態

これまで離婚の当事者経験がなく、特に民法にも縁がなかった場合、「婚姻費用」という言葉は初めて聞くという方が多いことでしょう。初耳の方にとっては、「何となく結婚に関係あることなのだろう」という響きがある程度かと思いますが、実はこれは、およそ21世紀のものとは思えない恐ろしい制度です。

婚姻費用は、戦前の「家制度」の発想そのままに、既に関係が壊れている間柄の人々に対して、金銭的な扶助義務だけは負担を要求します。この制度によって国は、公助負担を別居親等に転嫁することで、自らの負担を大幅に軽減させることに成功しています。

例として、夫が一般企業のサラリーマン、妻が専業主婦、子どもが一人という夫婦が離婚協議を開始する場合、どういったことが起こるのか見ていきましょう。

初めにお断りしておきますが、このような「昭和モデル」を例として取り上げること自体、性差別的な職業分担を前提とするものであることは否定し難く、筆者の本意ではありません。しかし残念ながら、限られた紙幅で「婚姻費用」の問題点を一般の読者にお伝えするには、恐らくこれしか方法がないので、本章限定でお許し頂きたいと思います。また、婚姻費用という制度がそもそも、専業主婦を前提としているとしか思えない前近代的な制度であることも、ここでは併せて指摘しておきます。

ある夫婦について、民法上の離婚事由に該当するような問題は、何も発生していませんでした。それがある日突然、妻が子どもを連れて実家に帰ってしまいました。数日後、妻の弁護士から書面が届き、その内容に驚きました。全く身に覚えのないＤＶ等を理由として、近日中に離婚調停を申し立てるというのです。

一ヶ月後、家庭裁判所から調停の申立書類が届きました。そこで記載されている「離婚事由」を見て、夫はようやく事態を理解し始めました。そこには、全く身に覚えのないＤＶと共に、「家族との不仲」が挙げられていたのです。

妻の母親は、何かにつけて娘夫婦の家族問題について口を挟み、娘の夫が不在のところで勝手に物事を決定し、その金銭的負担だけを夫に押し付けるという、とんでもない人格の持ち主でした。第1章で述べた、典型的な「かくれマザコン女」の母親です。その横柄ぶりがあまりにひどいので、夫は度々妻に対して（ときには母本人に直接）、文句を言っていました。そのことが妻の母親の逆鱗に触れ、今回の事態に至ったのです。

調停では、離婚の申立と共に、「婚姻費用」が請求されていました。夫は「一体これは何だ」と思いつつ、「調停委員にきちんと話せば分かってもらえるだろう」と思い、以下のような話をしました。

- 自分は、離婚しなければならないようなことは何一つしていない。今日に至った原因は主に、傍若無人極まりない妻の母親にある
- 自分は、子どもの生活費を負担する意思はある。しかし、ここまで身勝手に離婚申立をしてくる妻についてまで、なぜ生活費を負担しなければならないのか

調停委員から返ってきた言葉は、驚くべきものでした。

- 現時点で籍が入っている以上、あなたは法的に、婚姻費用を負担する義務がある

・金額について両者が合意できない場合、家庭裁判所が定める算定表に基づいて決めることになる

夫は、その予想もしていなかった内容に、思わず言葉を失いました。しばらく経ってから、ようやく言葉を絞り出しました。

・自分は何も悪いことをしていないにもかかわらず、生活費負担義務が「不倫・DVのケースと同額」というのは、いくら何でもひど過ぎないか

・ここまで身勝手に離婚を申し立てておきながら、籍さえ入っていれば、婚姻費用だけは満額受け取れるというのは、一体どういうことなのか。典型的なモラルハザードではないか

しかし、調停委員が取り合うことは全くありませんでした。

・このままゴネ続けても、審判に移行すると結局、算定表通りの婚姻費用支払が決定することになる。先延ばしすればするほど、支払期間は長期化する

・夫の年収が1、500万円、妻の年収がゼロであることから、金額は月額30万円となる

と言われ、あまりの高額に、夫は言葉を失いました。

「ここまで身勝手に離婚を申し立てて、しかも離婚原因を自ら作り出している母親から、多額の資金援助を受けて何も困っていないのに、月額30万円?!」

と心の中で思いましたが、これ以上争っても勝ち目はないことを知り、月額30万円の支払に同意しました。

その後離婚調停は続き、妻側が求める離婚条件は以下の通りでした。

- 慰謝料１００万円の支払
- 財産分与は半々。婚姻中の貯蓄額が1、０００万円なので、夫から妻に５００万円支払
- 養育費は月額22万円（算定表水準の約1・2倍）
- 子どもに会うのは月1回2時間、場所は家庭問題情報センター（ＦＰＩＣ）のみ

このような不当な条件を突きつけられること自体、常識的な感覚から言って、あってはならないことです。夫は、「この国の法律は、一体どうなっているんだ」と心底驚きました。しかし、調停が長引けば長引くほど、月額30万円の婚姻費用が継続します。これを終わらせるには、妻の要求を全て丸呑みして、一刻も早く離婚に同意するしか方法はありません。夫は、泣く泣く離婚に同意しました。

以上は仮想の例ですが、筆者を含め多くの人が体験した事例を総合して作られており、かなりリアリティーが高い内容となっています。ここで重要なのが、

・子どもを連れ去られた上に、離婚に応じない限り月額30万円払い続けなければならないなどという状況で「名ばかり協議」を行ったところで、子どものためになる結論を導き出せるはずもない

ということです。世間一般の方々は、「離婚交渉において妻は弱い立場である」というイメージをお持ちかもしれませんが、事実は全く逆です。

また、離婚を申し立てている側が婚姻費用を請求できるというのは、一般論として許されないモラルハザードであって、財産権の侵害に当たり違憲であるとの評価を免れません（子どもの養育費相当分を除く）。日本のガラパゴス民法学者は、このような意見を嘲笑するようですが、本当に嘲笑されるべきは、世界の常識、人としての常識が分からない彼らの方です。

ここで、本題からはそれますが、本書をご購入頂いた読者の皆様に、全力でお伝えしておきたいことがあります。それは、

「日本にいる限り、あなたより年収が大幅に低い人とは、絶対に結婚してはならない。婚姻費用で悲惨な目に遭うリスクは、あなたが思っているよりはるかに大きい」

ということです。

筆者としては、このようなことを言わなければならないのは、全くもって本意ではありません。結婚において経済面はもちろん重要ですが、まずは両者の愛情に基づいて、「この人となら一生添い遂げられそう」という気持ちを優先させるのが、あるべき姿です。しかし残念ながら、我が国の現行法を前提とすると、そのような判断はあまりにもリスクが高く危険なのです。

ここで挙げたような事実は、一般にはまだまだ知られていません。しかし、もし本書をきっかけに広く知れ渡ることになったら、年収の低い人が高い人と結婚する可能性は、ほぼ消滅していくことでしょう。結婚は高所得層同士、あるいは低所得層同士でするのが当たり前の世の中となり、社会全体の所得格差はさらに広がっていくことでしょう。

こうした問題に対して、日本のガラパゴス民法学者は何と言うのでしょうか。恐らく彼らは、何の言葉も持ち合わせていません。彼らが持っているのは、「婚姻費用の受領者は弱者なので、その支払を確保するのが善である」という、単眼思考のテーゼだけだからです。

民法に限らず、我が国の法学者の大半は、現行法を前提としてその解釈論を仕事にしているだけです。今後のあるべき法制度について、我が国の将来像を見据えながら、社会政策の観点から総合的に議論できるような人は非常に稀であると言わざるを得ません。

あるべき制度設計

では、この婚姻費用制度は、今後どうしていくべきなのでしょうか。単純に全廃するだけだと、一方的に妻側の生活が不安定になってしまう恐れがある、という批判が生じることでしょう。

そうであるならば、解決策はやはり諸外国から学ぶべきです。具体的には、1～2年程度の「離婚への準備期間」を、正式な民法上の制度として設けることが必要になります。こうした期間が法的に位置づけられていないから、「籍が入っている以上は、事情がどうあれ婚姻費用を払い続けなければならない」というおかしな事態が生じるのです。

この場合、家を出た妻は、夫からの金銭的援助なしに生活を立て直す必要がありますので、公的機関による低利・長期間の融資制度を新設する必要があります。そのまま離婚した場合には、妻が長期にわたって少しずつ返済していくことになりますし、復縁した場合は、再度夫婦が協力して返済していくことになるでしょう。また、低所得者に対する返済猶予や減免といった措置も併せて必要です。

さらに前記を実現させるためには、諸外国のように「1～2年程度の別居後は、原則的に離婚が可能」とする法改正が必要となります。かつては多くの国で「有責主義」（相手方が離婚事由に該当する原因を作った場合のみ、離婚請求が可能）を採用していましたが、このことが虚偽DVの動機となったり、離婚時の争いを長期化させることから、「婚姻関係が破綻し、回復の見込みがない場合は離婚可能」という「破綻主義」への移行が進んでいます。

我が国も「有責主義」から「消極的破綻主義」（破綻主義に近いが、有責配偶者からの離婚請求は認めない）、さらには「積極的破綻主義」（婚姻関係が破綻した責任の所在を問わない）に少し近づいたとも言われていますが、全般的にはまだまだ「有責主義」の色合いが強いと言えます。少なくとも、「1～2年程度の別居後は、原則的に離婚が可能」とはされていません。

前述のような法改正が実現すれば、基本的に本人の意思次第で離婚できるのですから、「精神的DV」にも対応しやすくなります。多くの単独親権論者は「一般的に「精神的DV」は証明困難なので、単独親権制度が必要」と主張していますが、事実は全く逆です。

第７章　日本社会が目指すべき姿

本章では、共同親権の議論を飛び越えて、今後我が国が目指すべき社会のグランドデザインについて簡単に述べて、本書の締めくくりとします。

合計特殊出生率の推移と貧困対策

合計特殊出生率とは「一人の女性が一生の間に生む子どもの数」を表す指標で、我が国の２０１９年における数値は１・36となっています。世の中の半分は男性ですから、この数値がおよそ2を下回っている場合（正確には2・07とされる）、人口減少が継続します。つまり、同値が2・07を下回っている限りは、人口がゼロになるまで減少が続くしかないということです。

このような社会は持続可能ではありませんので、どうすれば2・07を達成できるか、我が国はもっと真剣に考えなければなりません。こう言うと、「戦前の「産めよ殖やせよ」と同じ発想ではないか」という批判が返ってきそうですが、そういうことではありません。子どもを産みたくない女性には、当然産まない権利があります。重要なのは、全ての人の幸福追求権が尊重されることを前提に、子どもを産みたい女性が、安心して産める社会を整備しなければならない、ということです。

しかも、子どもを望まない女性が必ず一定割合存在しますので、子どもを産みたい女性、及びその男性パートナーの多くが、「3人以上産みたい」と安心して思える社会を作る必要があるということです。こう考えると、これがどれだけ困難な課題であるか、ことの重大性が理解できるでしょう。そのためには、「できることは全てやる」くらいの心構えが必要です。

ここで、「移民を受け入れれば良いではないか」との反論もありそうですが、これは誤りです。我が国の合計特殊出生率が1・36であるのは、様々な社会制度・社会構造が原因となっており、それが「3人以上産みたい」と到底思えない社会を作り出しています。この根本原因にメスを入れることなしに移民を受け入れたところで、移民2世の世代になったら、結局は「そんなに子どもを持ちたくない」という繰り返しになってしまいます。

そのためにまず重要なのは、「婚姻外共同親権」の導入です。大半の親は、子どもの幸福を願うと共に、子どもと関わっていくことを望んで子どもを産むのですから、後者の幸福追求権のみが法的に保護されず、訳も分からず一方的に親権が剥奪されるようなトンデモガラパゴス社会が、２・07を達成するのは不可能です。

よくある反論として、「子どもは親を喜ばせるための道具ではない」というものがありますが、それとここで述べていることは、全く別次元の問題です。「子どもの幸福」と「親の幸福」のどちらかを選ばなければならないような厳しい場面では、確かに前者を重視せざるを得ません。しかし全体としては、概ね両者が両立する社会を構築する必要があるし、それが結局は子どものためでもあります。また、そうでなければ２・07など夢のまた夢である、ということです。

その上で、第5章で述べたような「子どもの貧困対策」等を強化しながら、子どもを安心して育てていける環境作りを、最優先に進めていかなければなりません。このためにはもちろん財源が必要となりますので、増税が避けられません。しかしこれは、日本社会の持続可能性を確保するため避けられないことであって、選択の余地はありません。

つまり、大きな方向性としては欧州、特に北欧諸国のような「高福祉・高負担型」の社会を目指す必要があるということです。こう言うと、ありとあらゆる「日本と北欧諸国の違い」を挙げた上で、「北欧諸国にも様々な問題が存在し、「理想郷」のように語るのは間違い」という反論が返ってくるのが常ですが、誤っているのはこうした反論の方です。

北欧諸国に「様々な問題が存在する」というのは事実ですが、それでも長期にわたって「世界幸福度ランキング」の上位を独占し、「歴史による検証」に十分耐えています。それに対し、2020年の日本は62位で、香港を除けば先進国でダントツの最下位です。もちろん同指数は主観的要素を多分に含んでおり、これだけで断定できるものではありませんが、ジェンダーギャップ指数や一人当たりGDP等、北欧諸国の優位性を示すデータは他にもたくさんあります。

まずは「彼らから謙虚に学ぶ」ことが重要であり、「違いや問題点についての対処」を考えるのはその後です。この順番を間違えると、大きな方向性を見失ってしまう結果にしかなりません。経済規模や人口規模の違いについても、道州制の導入を併せて進めれば、充分に克服可能です。

こうした抜本策から目を逸らし、非親権者を「悪者」、シングルマザーを「悲劇のヒロイン」に仕立て上げたところで、社会の分断を煽る結果にしかなりません。これは、どこかの国の元大統領と全く同じ手法です。そもそも多くの場合、「非親権者」もそれほど裕福ではありません。「ない」ところから搾り取ろうとしたところで、「ない」ものは「ない」のです。

なお、慶應義塾大学の井出英策教授は、「子育て・教育・医療・介護・障害者福祉といった

「ベーシックサービス」の無償化（注：基本的に現物・サービス支給を指しており、金銭によるベーシックインカムではない）は、７％強の消費増税で可能」と述べています（井出（２０１８））（但し、消費税以外による増税を否定する趣旨ではありません。是非同書をご参照ください）。

海外人材の獲得

今後、世界のグローバル化はさらに進み、優秀な海外人材が「日本に来たい」と思えるような環境整備を進めていくことも、ますます重要になっていきます。新型コロナウイルスによってこの動きは一時的に停滞していますが、これは必ず終わりを迎えることであって、大きな流れとしての「グローバル化」は止めようがありません。

そうした中、「日本は子どもの連れ去り大国」という評価が海外で定着しているのは、我が国にとって大きな足かせです。また、共同親権の問題のみならず、夫婦別姓問題や同性婚問題をはじめ、我が国には合理性のない差別が数多く残されています。「グローバル化」という概念は、「合理性のない差別の禁止」という意味を包含しています。こうした差別は一刻も早く、全て撤廃していく必要があります。

我が国はまず社会全体として、こうした大きな方向性についてコンセンサスを取らなければ、いつまで経っても各論に忙殺され続けることとなってしまいます。本書は「共同親権」だけで一冊の本になってしまいましたが、こうしたコンセンサスさえ存在していれば、本来は個別の問題についてこれだけ労力を使う必要もなかったはずであり、残念なことでもあります。

「国際法」と「世界標準のリベラリズム」

第2章で少し触れたように、我が国は国内・外交問題の両方において、「国際法の遵守」を基本方針の中核に据えなければなりません。政治や安全保障の文脈においては、隣国の国際法違反を声高に主張する一方で、国際人権法を蹂躪しておきながら平気で開き直っているようなどうしようもない国は、そのうち国際社会からまともに相手にされなくなります。

我が国では左右を問わず、国際法に否定的な勢力の影響力は極めて強いものがありますが、現代社会において「国際法の根幹を否定する」というのは「ヒトラーの友人である」と宣言するに等しいことであり、そのような理解が一般的でないのは日本だけであるということは、少なくとも覚えておいた方が良いでしょう。さらにひどいことに、多くの場合当人は、自分が国際法を否定していることに気づいてすらいません。

日本の社会改革を阻んでいる最大の障害である、「真のガラパゴス」の中核は「法学」です。

「夫婦同姓の強制」が違憲であるという「初級問題」すら答えられない人が法曹、果ては最高裁判所判事になってしまうなどというのは末期症状であって、一刻も早く病巣の中核に手を付けていかなければなりません。

東京大学名誉教授の井上達夫氏は、この世であるべき正義の基準として、「普遍化不可能な差別の禁止」を挙げています。この基準によって真っ先に否定されるのが、「ダブルスタンダード」「フリーライダー」です。多くの人がこのことに心から納得し、強く意識するようにさえなれば、ほとんどの差別問題について、答えは既にはっきり出ているのです。

本書のメッセージを、同氏の言葉を借りて（井上（２０１５））一言でまとめると、以下のようになるでしょう。

「日本のガラパゴスである「エセリベラル」のことは嫌いでも、世界標準である「本物のリベラリズム」は嫌いにならないでください」

終わりに

本書を世に問うに当たって、最終的に後押しして下さったのは、立命館アジア太平洋大学の出口治明学長です。

話は2019年末に遡ります。駒崎弘樹氏による「世界で最も子どもが幸せに暮らせる国を目指して」（駒崎（2019））という論考を読んで、筆者は怒りに震えていました。「世界で最も子どもが幸せに暮らせる国」が、子どもを一方の親から一律機械的に引き離す「単独親権」であるという、例のトンデモ論を繰り返しているであろうことは、読む前から予想がついていました。一番許せなかったのは、このタイトルが、出口先生との共著のタイトルを拝借したものであったことです（出口・駒崎（2016））。

筆者は日頃から、誰よりも出口先生の著作を熟読していると自負しています。それまで出口先生が、共同親権問題について発言するのを見たことはありませんでしたが、歴史による検証や世界との比較を重視する「タテ・ヨコ思考」を標榜する出口先生が、単独親権に賛成するなどあり得ないと確信していました。

さすがにこれは放置できないと考えた筆者は、共同親権に関する考察や駒崎氏への反論を長文にまとめ、出口先生にお送りしました。いきなり見知らぬ人間から長文が届いたにもかかわらず、先生は熟読の上、「とても、勉強になりました。僕が単独親権に賛同したことは一度もありません。離婚しても、親子関係は変わるはずがないからです。これからも、いろいろと、教えてください」と丁寧に返して下さいました。

さらに先生は、その直後の著作において「親と子の関係は、たとえ両親が離婚をしても途切れるものではありません。その意味で、わが国の単独親権は先進国には例をみない歪んだ制度だと思います」とまで述べられました（出口（2020 - a））。見知らぬ人間からのメールがきっかけであったとしても、自分が論理的に納得したら、そのことについて次の著作で述べてしまうという、その柔軟性に心から驚きました。

その数ヶ月後、ウェブ会議形式で30分ほど、直接お話しする機会を頂戴しました。その際、こちらで事前に用意したレジュメに目を通した先生は、「これだけのレジュメを書ける人はなかなかいない。書籍化するのであれば僕も読みます」とおっしゃって下さいました。その言葉を聞いて、「やはり、自分にはこれを世に問う義務があるのだ」と、最終的に確信するに至ったのです。

また、弁護士の古賀礼子先生には、本書の誤りや認識不足を多数ご指摘頂きました。もちろん、本書の意見は全て筆者のものであり、残された誤り等も全て筆者の責任です。また、同先生にご覧頂いたのはかなり早い段階の草稿で、その後かなり改変されていることも付記しておきます。

さらに、本書の執筆に当たっては、幻冬舎の横内静香氏から多大なるサポートを頂きました。篤く御礼申し上げます。

最後に、本書を出版したもう一つの目的は、数十年後に、二人の息子に読んでもらうためです。その意味で、本書は筆者による「遺書」に当たります。

第2章で述べた通り、二人は同じ父親を持つ兄弟であるにもかかわらず、お互いの顔を知りません。そうなってしまっているのは「二人の親権者が違う」というだけの理由であり、そこに合理性は全く存在しません。

将来二人が、「自分たちは、親世代以上が残した「単独親権」という愚かな制度の被害者である」という事実を理解し、受け止めた上で、「これからの社会を作っていくのは、自分たちの世代。そのようなことに負けず、兄弟で仲良く協力して、これからの人生を切り開いていかなければならない」ことを、正しく理解するきっかけとなってくれれば、と切に願っています。

参考文献

阿部彩（2014）『子どもの貧困Ⅱ』（岩波新書）
阿部彩・鈴木大介（2018）『貧困を救えない国　日本』（PHP新書）
池谷裕二（2017）『パパは脳研究者』（クレヨンハウス）
井出英策（2018）『幸福の増税論』（岩波新書）
井上達夫（2019）『立憲主義という企て』（東京大学出版会）
井上達夫（2015）『リベラルのことは嫌いでも、リベラリズムは嫌いにならないでください』（毎日新聞出版）
岩志和一郎（2019）『親の離婚と児童の権利条約』（「離婚と子の監護紛争の実務」第4章）（日本加除出版）
上野千鶴子（2020）『共同親権の罠――ポスト平等主義のフェミニズム法理論から』（「離婚後の子どもをどう守るか」第1章）（日本評論社）
H.R.シャファー（2001）『子どもの養育に心理学がいえること』（新曜社）
エリザベス・セイアー&ジェフリー・ツィンマーマン（2010）『離婚後の共同子育て』（コスモス・ライブラリー）
大川浩介・辻祥子（2012）『弁護士が書いた30代離婚の教科書』（総合法令出版）
岡野あつこ・倉田真由美（2011）『「母」のせいで結婚できない女たち』（日本文芸社）
小川富之（2020）『欧米先進諸国における「子の最善の利益」の変遷』（「離婚後の子どもをどう守るか」第3章）（日本評論社）
可児康則（2020）『共同親権でWin-Win?』（「離婚後の子どもをどう守るか」第1章）（日本評論社）

梶村太市・長谷川京子・吉田容子（2019）『離婚後の共同親権とは何か』（日本評論社）
木村草太（2020）『子どもの利益と憲法上の権利』（「離婚後の子どもをどう守るか」第3章）（日本評論社）
木村草太（2019）『離婚後共同親権と憲法』（「婚後の共同親権とは何か」第2章）（日本評論社）
木村草太（2018）『子どもの権利を考える』（「子どもの人権をまもるために」終章）（晶文社）
厚生労働省（2017）『平成28年度全国ひとり親世帯等調査結果報告』
古賀礼子（2020）『司法の現場からのまなざし』（「実子誘拐」（ワニ・プラス）
駒崎弘樹（2019）『第三文明』（「世界で最も子どもが幸せに暮らせる国を目指して」2019年12月号）
コリンP．A．ジョーンズ（2011）『子どもの連れ去り問題 日本の司法が親子を引き裂く』（平凡社新書）
斉藤秀樹（2019）『「離婚後共同親権」を導入する立法事実があるか』（「離婚後の共同親権とは何か」第3章）（日本評論社）
財団法人日弁連法務研究財団（2007）『子どもの福祉と共同親権』（日本加除出版）
ジェームズ・J・ヘックマン（2015）『幼児教育の経済学』（東洋経済新報社）
篠田英朗（2019）『憲法学の病』（新潮新書）
申惠丰（2020）『国際人権入門』（岩波新書）
鈴木隆文（2020）『不分離は子どもの権利条約が謳う権利か』（「離婚後の子どもをどう守るか」第1章）（日本評論社）
スティーブン・ピンカー（2004）『人間の本性を考える（中）』（NHKブックス）
千田有紀（2020）『DV、虐待事件から考える「子どもの利益」と「親の利益」』（「離婚後の子ど

もをどう守るか」第2章）（日本評論社）
橘玲（２０１６）『言ってはいけない』（新潮新書）
棚瀬一代（２０１０）『離婚で壊れる子どもたち』（光文社新書）
田原総一朗・井上達夫・伊勢崎賢治（２０１９）『脱属国論』（毎日新聞出版）
角田由紀子（２０１３）『性と法律』（岩波新書）
出口治明（２０２０－ａ）『「教える」ということ』（ＫＡＤＯＫＡＷＡ）
出口治明（２０２０－ｂ）『還暦からの底力』（講談社現代新書）
出口治明・上野千鶴子（２０２０）『あなたの会社、その働き方は幸せですか？』（祥伝社）
出口治明・駒崎弘樹（２０１６）『世界一子どもを育てやすい国にしよう』（ウェッジ社）
中村久瑠美（２００５）『離婚バイブル』（文藝春秋社）
中室牧子（２０１５）『「学力」の経済学』（ディスカヴァー・トゥエンティワン）
はすみとしこ（２０２０）『実子誘拐』（ワニ・プラス）
長谷川京子（２０１８）『非監護親との接触は子の適応に必要か有益か』（「離婚後の子の監護と面会交流」第4章）（日本評論社）
長谷川京子（２０１９）『共同身上監護――父母の公平を目指す監護法は子の福祉を守るか』（「離婚後の共同親権とは何か」第5章）（日本評論社）
長谷川寿一・長谷川眞理子（２０００）『進化と人間行動』（東京大学出版会）
長谷部恭男（２０１８）『憲法の良識』（朝日新書）
長谷部恭男（２００４）『憲法と平和を問いなおす』（ちくま新書）
法務省民事局（２０２０）『父母の離婚後の子の養育に関する海外法制調査結果の概要』
ポール・レイバーン（２０１９）『父親の科学』（白揚社）

山口慎太郎（2021）『子育て支援の経済学』（日本評論社）
山田昌弘（2020）『日本の少子化対策はなぜ失敗したのか？』（光文社新書）
吉田容子（2019）『監護法の目標と改正検討の要点』（「離婚後の共同親権とは何か」第9章）（日本評論社）

※本文では触れられませんでしたが、以下の2文献は必読です。

子育て改革のための共同親権プロジェクト（2020）『基本政策提言書 2021年民法改正★男女平等子育ての幕開け』
宗像充＋共同親権運動ネットワーク（2018）『子育ては別れたあとも』（社会評論社）

[著者]
高橋 孝和（たかはし・こうわ）
作家。1978年生まれ。一般企業に務める傍ら、家族問題などに関する執筆活動を展開。前妻との間に男の子一人、現妻との間に男の子一人。

共同親権《きょうどうしんけん》が日本《にほん》を救《すく》う
～離婚後単独親権《りこんごたんどくしんけん》と実子誘拐《じっしゆうかい》の闇《やみ》～

2021年5月12日　第1刷発行

著　者　　高橋孝和
発行人　　久保田貴幸

発行元　　株式会社 幻冬舎メディアコンサルティング
〒151-0051　東京都渋谷区千駄ヶ谷4-9-7
電話　03-5411-6440（編集）

発売元　　株式会社 幻冬舎
〒151-0051　東京都渋谷区千駄ヶ谷4-9-7
電話　03-5411-6222（営業）

印刷・製本　中央精版印刷株式会社
装　丁　　江草英貴

検印廃止

Printed in Japan
ISBN 978-4-344-93453-5 C0036
幻冬舎メディアコンサルティング HP
http://www.gentosha-mc.com/